優秀的教養，是相信孩子的能力！

雅斯培·尤爾 Jesper Juul ——著 楊惠君 ——譯

Dit kompetente barn

〈專文推薦〉

傾聽孩子，相信孩子

李偉文

相信大部分的家長第一次看到這本書時，一定會嚇一跳，覺得怎麼跟自己向來以為的常識差那麼多，但是假如我們能夠耐下心來，再看一次，然後仔細思考，回想自己與孩子相處的點點滴滴，大概就會懊惱應該要早一點看到這本書的。

作者顛覆了許多大人以為的孩子難纏搗蛋或叛逆，主張其實孩子始終是很「合作」的。沒錯，孩子，尤其是學齡前的孩子，是以絕對「合作」的方式來「回應」大人的，很可惜的是，忙碌焦躁的大人往往無心解讀孩子透過肢體動作想傳遞給父母的訊息。

我常常提醒父母師長，孩子的感受能力很強，但是表達能力很差（我所說的表達是指大人習慣的言語敘述）。感受力強是來自於物種演化過程賦予的天生能力，或許因為任何物種要在這個危機四伏的世界上存活是很不容易的，必須時時刻刻注意周邊是否有敵人出現，以及必須到處尋找獵物填飽肚子，因此經過演化淘汰下，物種天生對周遭環境變化是很敏銳的。

人除了擁有逃避敵人與覓食的能力，因為是群居的動物，所以也演化出「鏡像神經元」，讓我們可以透過模仿來回應出現在我們周圍的人事物。這種天賦的感覺能力，使得古往今來有許多民間傳說都認為孩子可以「看見」我們大人看不到的那些「東西」。

這些孩子擁有的能力，隨著人類的成長，逐漸把絕大部分的心神用在讀書識字、語言溝通等等後天的認知學習，先天的敏銳感知就逐漸消失了，這也是作者在書中以無數的例子不斷提醒我們，造成父母與孩子溝通障礙的主要來源。

的確，我們要信任孩子，另一方面也要更有耐心體察孩子的心情，不要武斷、甚至粗暴地認為孩子不懂事，孩子就是調皮、就是愛搗蛋。

許多青少年都曾表示，如果父母知道他們與同儕互動的情況，一定會嚇死。當然，這裡所謂的嚇死不全然是負面的，而是父母眼中天真無邪的乖孩子，其實遠比我們想像的成熟，也懂得許多我們不瞭解的事情。

尤其對於十多歲的青春期，父母的態度常常是很矛盾的，早上嘮叨著：「都這麼大了，還不知道自己的襪子放在那裡！」到了晚上看電視新聞時卻又變了：「你還這麼小，小心外面有很多壞人！」

十六、十七歲或許在我們眼中還是毛頭小孩，可是唐太宗李世民鼓勵他父親叛變隋朝，並且率領大軍打下大唐江山時才十七歲；經過多年征戰，最後建立橫跨歐亞非大帝國的亞歷山大，當時也不過二十多歲。

我們都知道，現代的孩子隨著時代進步及物質愈加豐盛的情況下，不管生理或體格發育，以及在知識累積上，一定比古代人強，可是以前十多歲的人可以做很多事，但是現在的家長卻認為他們還是一個必須受保護什麼都不能做的孩子。

希望那些已被呵護成「媽寶」的年輕人，他們的父母親，也就是「寶媽」「寶爸」們，都能看看這本書，學會重新相信孩子，給孩子自我成長的機會。

本文作者為牙醫師、作家、環保志工

〈專文推薦〉

孩子的教養到底出了什麼問題？

陳安儀

寫這篇推薦文的時候，適逢台北捷運發生震驚全台的「隨機殺人案」。大學二年級的凶嫌帶著水果刀，在捷運車廂中冷血砍殺乘客，造成四死二十二傷的慘案。沒有明顯動機、也沒有特殊對象，殘酷的屠殺行為，不但令所有人感到恐怖驚愕，也讓人困惑不解：一個學業平順、外表斯文秀氣，表面上看起來再正常不過的孩子，是從什麼時候開始轉變成一個殺人不眨眼的惡魔？

新聞報導把凶嫌每一個階段的照片曝光。我們可以很明顯看到，小學階段的他尚有一雙明澈的眼眸；到了五、六年級的前青春期，他便已經開始產生自殘、自殺的念頭，隨後更是一再出現一些偏激離譜的留言。然而，在這一段痛苦受挫的成長過程中，家庭、學校的教養功能顯然沒能適時發揮功效。沒有人曾經進入這顆孤單的心靈，更沒有人知道這個孩子遭受了什麼？直到發生憾事，造成社會重大創傷後，再回頭尋訪來時路，已然來不及。

因此，孩子的教養到底出了什麼問題？為人父母者無不兢兢業業。每個孩子生下來的時候都是一張白紙，沒有人希望自己的孩子長大以後成為恐怖的殺人犯。但是，除了生理造成的精神疾病無法預防，我們到底該怎麼做？很多家長其實抓不到頭緒。

再加上近年來，教養有了很多新的理論。有人認為現代父母民主過了頭，老一輩的「直覺教養」、「界線理論」、「虎媽」應該重新受到尊重；也有人甚至認為教養是一種迷思，基因影響大過一切。本書的作者藉由其臨床心理學的學理證據，以及大量的案例經驗，提出了「相信孩子的能力」的核心想法，提醒家長不要執著在表面的「教養」，而要觀察孩子的「能力」：尤其在「道德」、「價值觀」的部分，信任孩子有「能力」，尊重他們的「能力」，無需「教養」，自然能成就孩子完整的人格。

比如說，本書〈小孩會合作〉這一章，提出小孩會為了討大人歡心，「寧願傷害自己的完整人格」而去「配合爸爸媽媽的想法」，這讓我想到一個案例：

有一次我去演講時，一對憂心的父母提到，年僅幼稚園中班的孩子竟然會在做算數題時作弊，以求拿到滿分的成績。家長很疑惑地問我：「我從來沒有要求孩子考滿分，她為什麼要這樣做？」

事實上，家長常會忽略了，孩子都是愛父母的。當孩子察覺到考了滿分父母會很高興的時候，他便會忽略自己的感受，努力配合大人的期望。當孩子不斷配合大人的要求、大人的面子……而忽略了自己的人格和需求時，便在無形中受到了侵害：他找不到自己、找不到目標、低自尊和低滿足。最終，他便會做出傷害自己的事情來。

因此，怎麼樣聽取孩子內在的聲音？怎麼樣信任孩子的能力可以引導其到正確的方向？我想這便是這本書要教給所有父母的。也期望所有的父母，能夠經由本書，得到更多的啟示。

本文作者為親職作家、人氣親子部落客暨資深媒體人

〈專文推薦〉

看見孩子這個「人」的本然存在

彭菊仙

短短一百多年來，小孩的地位幡然改變，親子之間的權力分配也從「極權的父母vs.順服的孩子」這樣的極端類型過度發展，翻轉成另一種極端：「放任的父母vs.自我的孩子」。

這本書雖名為《優秀的教養，是相信孩子的能力》，但實質上正是討論在以上兩種類型以外，親子之間的權力結構應該如何分布，才能保障成員之間相互理解、充分對話、各自負責、各自成長又運作順暢、和諧合作的家庭面貌？

在這個全球都在大聲疾呼「尊重多元聲音」與「力求多元平等」的世代，我們的孩子可以說天天都在接受關於「尊嚴」意識型態的高度洗禮，他們出於自然的比上一代更能確認不同族群、不同性別取向、不同信仰、不同工作階層、不同社會階級的任何人，都是「完整平等的人」，亦即本書所強調的「對等尊嚴」。

因此，孩子對於親子權力的認定，必定也難逃「對等尊嚴」的訴求，也就是父母和孩子彼此都應該相互尊重，擁有等量等值的尊重。

初看此概念，我完全無法認同，在我的想法裡，孩子怎麼可能、又怎麼可以跟父母「對等」？孩子若和父母平起平坐，父母何以建立威信來管教孩子？在孩子年幼懵懂、成熟度不足、判斷力尚不圓熟的成長階段，又如何站在更高的位置讓孩子聽命於我們？

細讀之後，才發覺作者所謂的「對等」不是「平等」，因為父母和孩子永遠不可能平等，而是各自站在自己的「倫理角色」呈現給對方應當有的「尊重」，比如說，父親給孩子的「尊重」，包含了尊重他們必須健康正向成長的需求；孩子給父母的「尊重」，包含了父母擁有財務規畫、訂定家規的主導權。

除此之外，本書更重要的概念是：站在同為「人」的立場，父母和孩子都要相互保障對方擁有「完整的人格」，不僅父母要承認孩子的需求、希望、感受、立場與界線，孩子也應該要回過頭來承認與尊重父母本身的需求、希望、感受、立場與界線。

然而，我們大人往往會不小心就認為孩子的需求與感受並沒有大人的重要，因此父母習慣壓抑孩子的需求與感受，要孩子唯命是從，並用各種手段防止他們的反叛，這正是本書所說的「侵害孩子完整人格的發展」。

孩子依此發展，最後學到的是，因為畏懼處罰而改變行為，這是一種外部的控制法，雖然短期內立竿見影，但是長期而言，孩子並沒有學會從他自己內心去思考為什麼要改變？怎麼做才能自我成長？也就是孩子學不會深入自己的處境，自發性地思考利弊得失，因此學不會「自我負責」。

「外部控制」只會讓孩子學會屈服權力或是討好父母，孩子的注意力是父母，而不是自己，可是孩子終將要學會對自己的身體、情緒、智識發展負責，才有可能締造完整幸福的人生。

而始終仰賴「外部控制」的父母也會落入一種教養歧途，也就是最終只定睛在孩子的各種外在表現，例如成績、功績、才智等等，無法自拔地條件式愛著自己的孩子，或是只愛孩子象徵成功的條件，而忘記我們父母應當喜愛的，是那個生下來原原本本的「孩子」本身，看見孩子這個「人」的本然存在，而不是愛上他們為我們或為他自己的「成功演出」。

而反過來說，對於孩子我們也要展現我們自己不可被侵犯的完整人格。大人應該以身作則，明確勇敢地表達自己的感受、反應和需求，以「我要……」、「我想……」、「我決定……」等明確的個人語言，向孩子聲明我們自己的立場與界限。這麼做，除了讓孩子學會「對等尊重」，更為他們展現「為自己的基本權益與幸福負責」的榜樣！

本書所提「對等尊嚴」的正向概念值得您深入的理解與貫徹，特別是我們東方父母，總是難以相信在「尊重孩子」的前提之下，還能教養出具有自我判斷力與控制力的孩子，但是「對等尊嚴」既不是放任，更非假民主，而是孩子在要求自尊與尊重別人的前提下，不斷壯大為自己負責、為自己而活的獨立生命。

本文作者為親子教養書作家

〈專文推薦〉

愛既完全，就沒有懼怕

彭蕙仙

如果你的孩子小時候說他長大後要做一件大事，你會有什麼樣的反應？一、少囉嗦了，趕快去念書，什麼大事不大事的，給我考上好高中才重要！（喔，不對，十二年國教，高中不是不用考了嗎？好，這個答案作廢。）二、大事喔，大事是大人做的啦，小孩沒有能力做。三、真的啊，好乖喔，這麼小就知道要做大事。（over）四、那你想做的大事是什麼呢？說來聽聽啊。五……

好，我猜讀者你一定自認知道我在說什麼。我想你猜錯了！我說的跟你腦袋裡想的那件事可一點兒關係也沒有，我說的就是你，就是我，就是他。

關於兒童，中世紀之前沒有人認為這個議題存在，因為「童年」其實是一個非常新的概念，一直到十六世紀在基督新教以及中產階級興起後，才逐漸有了「兒童」這樣的理念；十八世紀，盧梭（J. J. Rousseau）提出一個全新的概念，他不認為兒童是為了「成為大人而做準備」的時期，而是一個獨立的時期，具有獨立存在的價值，絕非成人的附屬品；活躍於十九世紀末、二十世紀初的瑞典教育家及女性運動者愛倫．凱（Ellen Key）更進一步稱二十世紀將是以「兒童為中心」的世紀。

因此有人說，「兒童」這個觀念和時期是被「發明」出來的，在這個「發明」還沒有出現之前，社會一般大眾並不認為兒童與成人有什麼不同，不過，這裡說的「沒有什麼不同」，並不是指兒童的想法和意見可以得到和成人同樣分量的重視，乃是指許多粗重的苦力工作、不雅的場景、殘酷的現實，並不會為兒童隔出一個「被保護的安全網」，兒童與成人一般勞動（所以兒童容易早夭），面對同樣粗礪、甚至不堪入目的生活場景，如性事與殘殺現場等。這些都不會避諱兒童在場。

二十世紀果然如愛倫．凱的預測，兒童成為一個家庭、一個社會的中心。但是從另一角度來說，「兒童」這個被發明出來的觀念和生命階段，在二十世紀後半聲光媒體大量興起後，又進入了另一個階段，那就是知名的社會學家與傳播學者尼爾．波斯曼（Neil Postman）在《童年的消逝》或是《通往未來的過去》等著作中屢次提到的「童年已死」，意思是大眾媒體興起後，兒童從小就不停吸收電視資訊，因而不知不覺或刻意模仿電視影像中大人的形象，提早社會化，導致了童年的消逝；甚至他們被迫提早進入成人充滿衝突、戰爭、性愛、暴力的現實世界，兒童在心理和生理方面飛速成長，與成人之間的分別已經快速地消失了。換句話說，歷經三、四百年逐漸建構起來的「兒童觀」，已逐漸消失；兒童正以一種成人還沒有準備好的速度進入各方面的成熟期。

而本書《優秀的教養，是相信孩子的能力》很明顯則是從另一個角度來省思「童年的消逝」這個現象（或事實）在教育上的正面影響，那就是讓成人們理解到兒童（或孩子）可以做出適合他自己需要的選擇，成人不要像操弄皮影人或線偶的方式，不斷以霸權介入兒童小自早上上學要穿哪件衣服、大至他想念什麼科系、交什麼樣的朋友的決定，因為即使是四歲的兒童也有完整的人格。而大人在教育上要扮演的是協助者、啟發者與建議者的角色。

這番理論聽來可能會讓為人父母者感到驚悚（或竊喜？），以為早早就可以卸下教育的責任。孩子的一切，管他的呢！他不是自己就可以做決定了嗎？錯了。其實，這本書既是寫給「我說了算」的威權家長看的，也是寫給對孩子緊盯不懈的「直升機型」父母看的，更是寫給「沒事別來煩我」的「放牛吃草型」父母看的。因為當一個家長可以放心地讓孩子自己做決定時，那表示彼此的關係有足夠的瞭解、尊重與信任。

本書作者想要傳達的不是對「童年消逝」的悲情和恐懼，而是提醒父母與孩子之間應擁有對等的合作關係，因為這對孩子建立自信與自尊是非常重要的。合於中道、恰如其分，這在孩子成長過程中是需要不斷學習的課題，父母在此過程中應有責任與能力擔任「教練」（coach）的工作。

希望這本書帶給讀者的既不是驚悚也不是竊喜，而是一個溫暖的提醒：教育不是讓孩子怕你，而是讓孩子愛你。因為：愛既完全，就沒有懼怕。這是教育的最高境界。

本文作者為知名作家

作者序

本書初版問世時，我感受得到世界各地許多社會正要建立起更健康和更具有發展性的關係，無論是大人與孩童及青少年之間的關係，還是大人彼此的關係。如今，雖然有許多人持續努力，我不認為這種關係已經實現了。

當時以我對父母以及教育工作者的瞭解，我期待我們的社會會歡喜地接受「孩子的能力」，並為他們的能力和他們可以做出的反饋喝采。在很大的程度上，這一點在家庭內部已經實現了。雖然不少父母覺得很難改變他們從上一輩那兒學到的作法和角色，但許多家長確實做到了，也在他們和孩子的關係中發掘出許多寶藏。

至於老師、輔導者和其他照顧小孩的人，則是另一種情況。孩子的能力讓他們覺得受到挑戰，覺得自己沒有被尊重；有時甚至只是因為小孩實際的能力比這些大人認定的好得多，大人便自我防衛了起來。不少人開始夢想並談到「昔日的美好時光」。

由此引發了一個基本的問題，而我們所有人都必須找到自己的答案：我想要什麼？

當孩子或學生滿二十歲的時候，我們想在他們身上看見什麼樣的特質？就我來說，我想看到年輕人擁有強韌的心理健康，以及穩固的心理及社會能力，這些能力不會干擾學業或創作表現；相反的，還會強化這方面的努力和企圖心。

我相信大多數的人都想看到這樣的下一代，不論父母、老師和政治人物，或者小兒科醫師、祖父母和精神科學家。然而，所謂昔日的美好時光以及當代許多教養和教育小孩的方式，都是很糟糕的。只要看看一些統計數字就會明白：酗酒、濫用藥物、犯罪、精神疾病、家庭暴力、虐待兒童、強暴、中輟生、飲食失調、自殺和自殺未遂、霸凌和各種行為診斷、過度使用處方藥物和過度依賴。這些現象不只造成人類極大的痛苦，用來治療、預防和控制這些問題的成本，也高到我們再也負擔不了的地步。

根據過去二十年的臨床及教學實務，我相信唯有採取新的典範，我們才能以更健康的方式發展親子關係。結合大多數成功家庭的經驗和實際知識，以及來自新的發展心理學、依附理論和神經科學的研究發現，加上全球上千個成功的計畫，這個新的典範已經出現了。我們知道該做什麼。現在我們需要的只是學習**怎麼做**。我希望閱讀本書能激勵各位開始或持續以健康的方式發展親子關係，無論你現在的身分是什麼及處境如何。

致謝

本書使用的理論和許多例證，出自我在丹麥的斯堪地那維亞坎普勒研究中心（Kempler Institute of Scandinavia）的工作經驗。我誠心感謝華特．坎普勒醫師（Walter Kempler, M.D.）和該機構的其他工作人員的啟發，以及他們在我對自己毫無信心的許多年裡，一直對我信心滿滿。

我也要感謝來自全球各地的許多家庭，讓我進入他們的個人生活。我清楚記得自己和他們其中許多人初次見面時的那種態度和偏見，想來每每深感慚愧，其中包括日本和伊斯蘭國家的家庭、克羅埃西亞難民營的多族裔家庭，以及被酗酒問題摧毀的美國家庭。

我的兒子於本書出版時三十七歲，幫忙整合我的工作經驗，唯有開放且誠實尋找自己生命的人才能做到。我的妻子亦然，她的存在讓我看到我幼稚的自我中心，而那是我每每都希望再也不會出現的。

CONTENTS

CONTENTS

CONTENTS

第八章／家庭 291

為人父母者，運氣好的話，兩個人加起來大概具備了三分之一把小孩教養好所需要的經驗、見解和訣竅。這些知識有部分是他們從對方身上學到的，有部分則是小孩在成長過程中透過充分的反饋教給他們的。

前言

如同許多和我年紀相仿的人，我二十幾歲的時候就知道我父母那一代（和更早的世代）看待家庭關係和子女教養的方法有問題。

後來的十多年，在家庭治療師的培訓過程中（我們諮商的對象是那些所謂適應不良的兒童和青少年，以及單親媽媽團體），我發現自己對家庭和子女教養的態度，沒有比我父母更好或更壞。事實上，我們的想法有著相同的缺失。首先，這些想法欠缺實質的道德內涵。其次，這些想法是根據一種傲慢和兩極化的假設所建構的：有些人是對的，因為他們依照對的見解行動；其他人是錯的，因為他們是根據錯誤的見解行動。

我從同僚和案主那裡得到的反饋，也可以看出這種兩極化的趨勢。有人認為我做得很好；有人則不以為然。我天真地以為，只要第一種人占大多數，我就過關了。過了好一段時間，我才瞭解其實我早該傾聽那些對我不以為然的意見。那是在我自己當了爸爸，體驗到自己能力的不足以後，才有的領悟。那是我的啟蒙點。在那之前，我不過是在接受訓練罷了。

在為人父之前，我一直以為家庭的特質應該是理解和包容，親子關係應該是民主的。這種方法迥異於我知道會摧毀小孩自尊和活力的那種強調教化、偏狹及充滿控制欲的教養方式。

但是透過我和兒子相處的經驗，加上每天接觸到養育孩子的家庭，我逐漸明白自己的看法有多麼膚淺。沒錯，在許多方面，我們對孩子在家庭和社會裡所扮演的角色的理解，已經和我小時候不同了。我們對人類本質的理解、我們的處罰方式，以及我們對教育及公共道德的態度，都變得比較人性、也比較開放。然而，不論在專業和個人方面，我察覺到有兩件事讓我感到棘手和痛苦。

作為老師和指導者，我看過太多辛苦的父母。他們會和治療師見面討論他們的小孩，但往往接受諮商後，他們會感覺自己像個失敗者，比諮商前更不知道要怎麼做，無力感更加沉重。而他們的治療師在諮商結束後，也覺得無助又無能，可是基於職責他們只能恪遵傳統的臨床心理學，他們關心的是找出錯誤，而非尋找可能的解決之道。

身為家庭治療師，我看到孩童和青少年仍然必須承受這種情感斷裂所帶來的衝擊。我們不斷迫使小孩背負幾乎沒有父母、政治人物、教育家、老師或治療師願意擔起的責任。我們這麼做不是居心不良；剛好相反，我們疼愛小孩，相信他們必須背負這些責任才能成長。但我們的邏輯有問題。我們對小孩本質的基本理解是錯誤的。

瑞士心理學家瑪嘉莉塔・布洛登（Margaretha Brodén）曾以一句話表達這個觀點，也啟發了本書書名：「或許我們搞錯了，說不定孩子是很有能力的？」

布洛登的見解來自她的研究脈絡，以及她對嬰幼兒和父母早期互動的興趣。因為我是實務工作者而非研究者，也因為我的經驗領域是一般的孩子與成人之間的互動，對於她的觀察，我有個稍稍不同的觀點。

我認為我們假設小孩並非生來就是真正的人，已經犯了絕對的錯誤。無論在科學研究或通俗文獻中，我們往往沒有把小孩當作真正的人，而是把他們視為可能的人，自我中心的「半人」。因此我們假設，首先，他們必須受到成年人大量的影響和控制；其次，他們必須到達某個年齡，才能被視為對等和真正的人。

換言之，大人必須想辦法教養小孩，讓他們學會如何表現得像個真正的人（也就是大人）。我們已經建立了一套教養方法，並且依照「放任」到「權威主義」的光譜逐一標記。然而，我們從未質疑這種假設是否經得起考驗。

本書正是要質疑這個假設。我相信我們傳統上所謂的「教養」，大部分是不必要的，而且會造成直接傷害。不但對小孩不健康，對大人也有害，阻礙了他們的成長和發展。不僅如此，它們對小孩和成人之間的關係也具有毀滅性的影響。我們不質疑教養的原則，反而將它不斷延續，形成一種惡性循環，擾亂了我們對教育、健康生活，以及對小孩暨家庭相關的社會政策的理解。

三十五年前，我這個世代的人創造了「我」和「社會」之間的幻想距離。這是我們對權威的衝撞的合理延伸。然而，這個幻想距離一直延續至今，變得越來越危險，尤其加上政治已經被化約為經濟。

我們對待小孩的方式將決定世界的未來，現在這句話恐怕格外真實。我們取得資訊的管道大幅增加，以至於我們不能再假設我們教養小孩的兩面態度永遠不會被發現：儘管我們在政治上大力宣揚權力平衡、人道主義和非暴力，我們對孩童和青少年卻是暴力相向。

這幾年來，我有幸到幾個不同的文化工作。基於這些經驗讓我相信，北歐各國親子關係的改變方式，也能作為其他國家的典範。

造訪這些北歐國家的人可能會覺得，表面上大人對待小孩的方式似乎過於軟弱、不合道理、優柔寡斷。不過實質上，他們的親子關係蘊含了人類發展過程中所謂「大躍進」的種子。這是在我們這個世代裡，成年人第一次從非教條和非權威的立場，認真思考個人不可剝奪的成長權利。

頭一遭，我們有理由相信，個人的存在自由不會對社群造成威脅，反而是社會整體的永續健康所不可或缺的。

大人和小孩的相處方式各地都不同。

亞洲、歐洲和美國的家庭差異極大，這些區域內部的差異也不小：北歐的家庭和南歐不同，和東歐的也不一樣。甚至連同一個國家的不同地區都有明顯的差異。國家的文化、政治和宗教信仰，自然在族群的自我意識中扮演了重要角色。外地來的人很容易注意到這些信念。我無意間聽到在丹麥的外來移民說，他們不希望自己的小孩像丹麥小孩一樣，而丹麥人看到南歐的父母對小孩暴力相向常常是義憤填膺。

這些差異本身已經很難處理了，偏偏現在的趨勢是創造多族裔、多民族的社會，尤其是美國和許多歐洲國家。家庭的社會重要性會因為文化而有所不同，但它對於人類存在的重要性是一樣的。不管我們住在哪裡，健康有益的互動帶給我們的快樂（以及毀滅性的關係造成的痛苦）是一模一樣的，即便表達的方式可能不同。

我會在本書中把「舊」與「新」加以對照，這麼做不是為了批評舊傳統，而是要指出行動的具體可能性。我每天工作接觸的都是一般家庭和心理諮商人員，很多家長向我坦白他們的教養問題。在內心深處，他們知道自己的行為不妥當，但又沒辦法改變，他們需要明確的建議。然而，由於我提出的互動模式尚屬新進，目前還沒有確切範例可供參考。

傳統的臨床心理學常常探究人們的情緒：父母有多麼愛他們的小孩？兒子有多麼恨他的父親？女兒對母親有多麼憤怒？這些問題之所以重要，在於它們讓人們得以表達真正的痛苦。但我要強調一點，我從來沒遇過不愛子女的父母，或是不愛父母的小孩。我倒是碰過許多父母和小孩沒辦法把他們對彼此的愛意，轉化為愛的行為。

而現在我們已經準備好要創造一種真誠的關係，對男人和女人、大人和小孩，賦予對等的尊嚴。人類歷史上從未出現如此大規模的轉變。要求對等尊嚴也代表開放的態度，以及對差異的尊重，從而表示我們必須拋棄有關是與非的許多印象。

我們不能只是不斷採用一套又一套「養兒育女」的方法；我們不能只是再把過去的錯誤假設加以現代化。實際上，我們正與我們的子孫攜手邁向新領域。

本書所舉的故事和例證是為了鼓勵個人的實踐。換句話說，其用意不是讓讀者盲目地模仿。父母不只是不同性別的人，而是帶著截然不同的原生家庭經驗結合在一起的兩個人。不過他們也有許多共同點。我們從小就學到，和他人建立關係的方式各有不同，某些方式是有效的，某些方式則會失敗。當兩人共組新家庭，就能夠學到在原生家庭裡學不到的東西。

當我說孩子是有能力的，我的意思是，他們可以把我們需要學習的東西教給我們。透過他們的反饋，我們才能重拾失去的能力，揚棄徒勞的、缺乏愛心的，以及自毀式的行為模式。要以這種方式從孩子身上學習，我們不能光靠民主的方式和他們相處。我們必須發展出一種即使在成人之間也不容易建立的對話模式：以對等尊嚴為基礎的個人對話。

在本書開始之前，我想先釐清我在幾個要點上的立場。首先，我們每個人都必須找到一個對我們自己和對小孩最有用的相處方法，但這並不表示每一種方法都一樣好，或者「怎麼樣都可以」。我在書中會提及一些核心原則，它們個別或共同形成了某些判準，讓我們可以據此判斷自己的行為。

我經常提到以前的教養方法，因為我相信對大多數的人來說，要瞭解自己和自己的行為，最好的方法是以歷史為借鏡。

最後，我擔心某些讀者會因為本書的觀念覺得受到指責。我們生活在一個急著要指出受害者和定罪的時代，結果是很多人常常會覺得自己被批評或非難。但這不是我的用意。如果你很滿意你的家庭生活方式、親子關係的品質以及小孩的發展，自然沒有理由改變你的作法。

第一章

家庭價值觀的轉變

親子之間的衝突次數和強度，
取決於大人能否承認他們為人父母的角色正在改變，
以及他們在兒女人生最初的二到四年，
如何面對孩子完整人格的發展。

我們正站在一個獨一無二的歷史的十字路口。在許多不同的社會裡，兩百多年來鞏固家庭生活基礎的基本價值觀，正經歷裂解和轉變期。在北歐地區，由於進步的社會立法和福利國家的各種支援，女性已經成為這波改變的先驅。在其他國家，內戰或經濟困頓也激起了這樣的發展。

改變的步調不一，但引起的變化是一樣的：由女性或男性家長領導的階層式、權威式家庭漸漸絕跡。世界各地滿是不同類型的家庭，有些不計一切要維持「昔日美好時光」的標準，有的則嘗試以更有效的新方式共同生活。

從心理健康的角度來看，我們有充分的理由歡迎這種改變。傳統家庭結構和許多傳統價值觀，對孩子和成人都是有害的，看看下面這些情景：

西班牙一家餐廳裡……

爸爸、媽媽以及分別是三歲和五歲的兩個兒子，剛剛吃完冰淇淋和蛋糕。媽媽拿起餐巾，吐了一口口水在上面，然後牢牢抓住小兒子的下巴替他擦嘴。小男孩不肯，轉頭躲開。媽媽揪住他的一把頭髮，氣呼呼地抱怨說他有多調皮。

哥哥袖手旁觀，還不忘做個鬼臉，但就那麼一下下。他很快換上一副事不關己的表情。爸爸也是老大不高興的模樣，他惱怒地看著妻子，心想她為什麼不能讓這孩子乖乖聽話！為什麼他總是這樣吵吵鬧鬧？

他們離開餐廳的時候，小男孩已經安靜下來了。後來在逛街時，男孩發現一扇櫥窗裡有個新玩具，他滿心歡喜地用手指著玩具。他想要媽媽也看一下。媽媽走在前面，而當她轉身走過來時，抓起兒子的手臂就把他給拉走，看也沒看櫥窗裡的玩具一眼。他哭了起來，哀求她看一下，但她鐵了心絕不屈服。「把你的臉擦乾淨！」她一遍又一遍說著。

澳洲一家咖啡廳裡……

兩對年輕夫婦逛完街後一起坐在戶外喝咖啡，其中一對有個五歲左右的兒子。服務生過來點餐時，小男孩的媽媽對兒子說：「我們要喝咖啡，你想喝什麼？」

小男孩猶豫了一下，回答說：「不知道。」

媽媽一副不耐煩的樣子，對服務生說：「給他一杯蘋果汁。」

咖啡和果汁送來了，過了一會兒，小男孩很有禮貌、小心翼翼地說：「媽咪，我想喝可樂，可以嗎？」

「那你一開始幹嘛不說！」媽媽回應。

「喝你的果汁！」媽媽話才說完，卻轉頭對服務生說：「這孩子改變主意了。給他一杯可樂，否則我們都會不得安寧。」

大人聊天時，小男孩安靜地坐著，就這麼過了差不多十分鐘。忽然間媽媽看看錶，生氣地對小男孩說：「快喝！」

「我們要走了嗎？」小男孩問，顯得很興奮。

「對，我們得趕快回家。快喝！」

男孩大口大口地喝著可樂。「我喝完了，媽咪，」他高興地說。「妳看，我動作很快吧！」

媽媽沒多理他，和其他大人聊了起來。男孩再度靜靜坐著。過了半小時，他戰戰兢兢地問：「媽咪，我們是不是很快就要回家了？」

「閉嘴，小鬼頭！」她突然大聲咆哮。「再多說一句，回家以後你就得立刻上床睡覺。知道嗎！」

男孩垂頭喪氣，不敢再說什麼。其他幾個大人帶著讚許的眼神看著這個媽媽，男孩的爸爸伸手搭著妻子的手臂，表示肯定。

紐西蘭一處公車站……

祖母帶著兩個孫子，一個四歲的男孩和一個六歲的女孩，三人正一起等公車。男孩拉拉祖母的外套，著急地說：「奶奶，我要上廁所。」

「現在不能上，」她回答：「我們要回家了。」

「但是我一定要上，很急！」男孩說。

「看看你姊姊，又乖又懂事，」祖母說。

「對，可是我真的……很急！」

「你沒聽見我說的話嗎？回到家你就可以上廁所了。假如你不乖的話，我只好跟你媽咪說。那你以後就不能再跟我進城了。」

這幾個場景裡的大人都不是壞人。他們疼愛孩子和孫子，小孩聽話的時候，他們很高興，也愛聽他們逗趣的童言童語。但是這些大人也會表現得冷酷無情，因為他們已經學會把無情的作法當作愛，把愛的作法當作不負責任。

數百年來，我們真正教會小孩的，是尊重權力、權威和暴力，而不是尊重其他人。

家庭是一種權力結構

幾個世紀以來，家庭一直是一個權力結構，男人控制女人，大人控制小孩生活中社會、政治和心理所有面向。階級體系不容質疑：地位最高的是男人，然後是女人（如果兒子尚未邁入青少年的話），接著是兒子，然後是女兒。成功的婚姻取決於女性對丈夫百依百順的能力和意願；教養的目的顯然是要讓兒女適應並服從於掌握權力的人。

如同其他極權主義的權力結構，理想的情況是沒有發生任何公開的衝突。不合作的人會遭到肢體暴力，或發現自己原本已經有限的個人自由被進一步限縮了。

對於懂得如何適應的人，家庭提供了一個穩固的基礎，但是對那些生性堅持的人來說，家庭及其互動方式具有驚人的摧毀力。而那些吃到苦頭且出現症狀的人，得接受教育者和精神科醫師的治療，以便讓他們很快能夠重新適應這個權力結構。

當掌握權力的人（配偶和家長）試圖「再社會化」（resocialise）出現症狀的女性或孩子時，外界鼓勵他們要展現理解、愛和堅定的態度——但絕不能拱手交出權力。因此許多女性和孩子會一再住進精神病院，並且被迫服藥。

當然，這樣的說法既不完整也有失公允。傳統家庭生活確實有愉快和幸福的面向，家人彼此相愛。在另一個層面上，那些成功屈服的人樂於擁有一種特殊的安全感，類似極權社會中適應良好的公民所擁有的安全感。

我們有些人甚至懷念「昔日美好的傳統家庭」，只不過這種家庭對個人的幸福和發展很少發揮正面的影響。換句話說，從社會的觀點來看，傳統家庭往往看似成功，可是造成的病狀就潛伏在表面下。

直到十九世紀末，我們才開始把孩童當作個別的人來研究。這時我們赫然發現，滿足孩童的知識和心理需求，對他們的幸福和發展是很重要的。對女權的認知出現得更晚，一九二〇年代女性開始要求被認真對待，不論是身而為人的角色，或者在社會和政治層面上。因此在二十世紀上半葉，家庭漸漸變得沒那麼極權主義，儘管作為家庭生活基礎的實際權力結構不曾動搖。

傳統家庭生活對後世的影響之一就存在我們的語言當中：過去所謂成功的家庭是指沒有衝突的家庭；而對於什麼是構成一個健康家庭的要素，那時候的想法也和今日迥然不同。因此在談論家庭和小孩時所使用的許多說法和觀念，以下我想做個定義更新。

教養的方法

在北歐地區，直到一九七〇年代中期，我們都能信心十足地討論教養兒女的方法。我們認為小孩都是自我中心的，可能還像動物一樣，因此大人必須用能夠確保孩童的個人和社會發展的「方法」和他們打交道。這些方法會因為意識型態不同而有所差異，但必須使用「方法」的這個概念，直到不久之前才受到挑戰。

現在既然我們知道孩子生來就是真正的人，討論要使用什麼「方法」自然很荒謬。想想看，如果我們以這種觀念來處理成人的關係，聽起來會是什麼樣子。好比說，想像一個男人對朋友或治療師說：「我愛上了一個高大、黑髮的葡萄牙女子，但我跟她相處上有很多問題。你能不能教我一個方法，讓她不會那麼難相處？」顯然，沒有任何成年人會以這種心態和另一個成年人相處。不過從十八世紀初開始，我們就是這樣處理我們和小孩的關係。

孩子生來就是百分之百的人；也就是說，他們有社會性、有反應、有同理心。這些特質不是教出來的，而是天生的。然而，如果要把這些特質發展出來，孩子身邊的大人們在行為上就必須尊重及表現出社會行為。倘若要採取什麼方法，不管任何方法，不但不必要，甚且具有毀滅性，因為這樣會讓小孩在他們最親近和親愛的人面前被降格為客體。根據臨床醫師和研究人員的看法，是時候改變我們和小孩的相處方式了——從「主體和客體」的關係，轉為「主體和主體」的關係。

反抗的年紀

大概到了兩歲左右，小孩逐漸開始擺脫對父母百分之百的依賴。他們突然發現自己的自主性。他們慶祝這個發現的方法，就是對你告訴他們或要求他們的每件事說「不」。他們說不的時候一副喜孜孜的模樣，意思是：「你看，我不再是你了！我是**我**，很棒吧？」他們說不，不是為了跟父母唱反調，而是想要能夠自己思考、感覺和行動。至於這樣的獨立是什麼時候開始的，那再清楚不過了——有天早上，你給兩歲大的女兒穿衣服的時候，她扯著你的手臂說：「我會！」「我自己穿！」

大多數的父母是怎麼反應的呢？他們說：「不行！妳不會。我來。現在沒時間玩遊戲了！」換句話說，當孩子變得獨立，許多父母會產生抗拒。

然而，這個小插曲也說明了小孩多麼懂得合作！如果兩歲小孩開始尋求獨立，而父母的反應是不情願和排斥，不消幾個星期的時間，小孩要不就開始抗拒（以反抗對付反抗），要不就完全失去自發性，變得更加依賴。

年幼的孩子必然會越來越獨立自主，這是他們發展的一部分。小孩自然而然會發展出獨特的人格，只有極權體制才會把這種發展當作是一種問題。形容小孩「反抗」是掌權者慣用的伎倆，用意是讓小孩保持屈服。

在這個年紀，小孩會一步步發展出他們的個人特質，如果身為父母的你和小孩陷入權力爭奪，不僅浪費許多寶貴的精力，你可能還會在孩子身上置入一種經驗，等他進入青春期時就會顯現出來。

青春期

青春期這個中性的臨床概念，在二十世紀被賦予極端負面的意涵。衝突、愛爭辯、惹麻煩，這些都是和青春期連結在一起的特質。第二次世界大戰以後，出現了同樣負面的「前青春期」（pre-puberty）的概念，提醒兒女年紀更小的父母要注意，麻煩就快上門了。

客觀地看，青春期是一段內心的（發生在個人內心）、性心理的（psychosexual）發展期，讓許多十二到十五歲的青少年經歷了內在的不確定性和紊亂。但是如果以為這種發展本身必然會造成孩子和大人之間的衝突，這樣的想法實在很不合理。親子之間的衝突次數和強度，取決於大人能否承認他們為人父母的角色正在改變，以及他們在兒女人生最初的二到四年，如何面對孩子完整人格的發展。

舉例來說，如果在小孩兩歲左右，父母和他之間常常出現權力的抗爭，那麼這個孩子進入青春期的時候會變得滿身刺。因為過去的經驗讓他學到，要在這個家庭裡發展個人特質就必須努力奮戰！

青少年叛逆

同樣的，人們會用軍國主義和政治性的術語來描述青少年時期：反叛、獨立、革命、缺乏紀律。這並不令人驚訝。在這樣的權力結構裡，成人代表安定，維持一個零衝突的環境才符合他們的利益，每一種進步性的發展必然會被界定為對既有體制的攻擊。

同樣的情況也發生在中年女性間。一旦邁入更年期，她們的一舉一動和心情都被歸咎於「荷爾蒙」。如此一來，掌握權力的（男）人可以不必為所引起的混亂負任何責任。同理，青少年是因為青少年的身分而被責怪。其實大人需要做的，是承擔起他們建構家庭互動的重要職責。

接下來我們不妨思考幾個傳統上和教養有關的概念，這些概念反映出握有權力者是如何看待現實。這些概念中有個根深柢固的信念，那就是維持權力結構對所有人才是最好的。

對孩子設限

權力結構裡必須有法律和秩序，因此過去父母對小孩的生理、心理和情感追求都設下了限制。小孩可以和不可以做什麼、應該和不應該做什麼，這些限制被強制執行，彷彿家是一個警政單位。

這種體制導致大人主張某些限制是健康的，而且對小孩有益；儘管沒有任何證據支持這樣的說法，許多人卻都加以接受。當大人設下某些限制的時候，小孩確實可以以平順又健康的方式發展。不過我稍後會說明，重要的是小孩和大人都要能夠為自己設限。

限制別人主要是權力的展現。

每當家長在討論如何教養小孩時，一定會提出有關設限的問題。我們往往覺得只有我們這一代的父母很難對小孩設限，我們父母那一代就比較容易。事實上，設限這件事從來都不簡單。父母總是在請教專家如何讓小孩「有反應」或是「聽話」。若為人父母者想維護家庭的權力結構，他們通常會被建議要從以下四個要素去思考設限這件事：一致（unity）、堅定（firmness）、後果（consequence）和公平（fairness）。且讓我們一一探討。

父母對如何教養孩子必須有一致的看法？

俗話說「團結就是力量」，這句話正是家庭最重要的一個信念背後的立基點：父母對如何教養孩子必須有一致的看法。我遇過不知道多少對夫妻，為了實踐這個理想而不惜犧牲婚姻，甚至因為做不到這一點而深感愧疚。他們和許多為人父母者一樣，相信當父母意見一致時，會帶給小孩莫大的安全感，而如果父母意見不同，對小孩會造成傷害。他們容許某種程度的不一致，但只有等到孩子上床睡覺後才會說出來。如果小孩在場，父母的意見必須完全一致。然而，除非我們把家庭當成一個政治單位，才有辦法接受這種方式。當權者在執行法律和秩序時，意見一致對他們是有利的，如此才能統一戰線。

做父母的常覺得如果雙方意見不一致，小孩會挑撥離間，造成家庭的領導階層起內訌。但實際上，父母很少意見一致。舉例來說，在許多家庭裡，父親對小孩略施管教只是為了讓母親出面求情。在這種情況下，母親不會被當作不忠的士兵，反而是家庭的急救人員，專門負責照料傷者。可是許多女性就算在扮演這個角色的時候，也從來不曾質疑設限的必要性，或認為有必要檢視她們自己遵從的限制。

我認為重要的不是父母對於教養小孩是否意見一致。原則上，他們只需要都同意一件事：意見不合是可以接受的。唯有當父母覺得彼此的不同意見是錯誤且不好的，小孩才會產生不安全感。

孩子不聽話，大人要堅定拒絕？

堅定和意見一致有關，也被認定是維持權力結構完整的必要條件。當家庭成員表達不同的意見時，這種不一致會被當成充滿敵意的反對，因而引起衝突。大人要堅定是什麼意思？通常是指當小孩不聽話的時候，他們必須能夠異口同聲地說：「不行。」

要取代這種權力遊戲，健康的作法是開放的、個人的對話，把小孩和大人的渴望、夢想和需求都考慮進去。這樣才能展現真正的領導力。

衝突的後果是懲罰？

就算父母採取一致且堅定的態度，假設小孩還是不聽話，該怎麼辦呢？無論是什麼樣的衝突，父母通常會選擇兩種後果：訴諸肢體暴力，要不然就是限制小孩的個人自由。

這兩種後果都不容易執行。畢竟我們大多不忍心傷害孩子，也很難心安理得地限制他們的個人或社交自由。所以我們才會用下面這些理由為自己辯護：

- 這都是為了你好！
- 等你長大就懂了！

・你必須學著適應！
・打在兒身，痛在娘心！
・如果你不聽，我就打到你聽進去為止！
・當父母說：「我說了算！」孩子學到的是屈服或反叛。
・當父母說：「囝仔人有耳無嘴！」小孩學到的是他們不能多說話，他們必須管好自己。

有趣的是，處罰完小孩之後，許多家長便擔心會傷害了自己和孩子的關係。通常父母會用要求的方式來表達這種恐懼：「過來給爹地一個抱抱，我們忘記這件事。」或是採用比較迂迴的方式，問：「我們還是好朋友？」諷刺的是，這是戀人分手後經常跟對方說的話：「我們還能夠當朋友嗎？」

這種矛盾和懷疑的感覺其來有自。在執行後果和懲罰時，父母逐漸破壞了他們和孩子的關係。他們不肯為衝突的發生負起責任，還歸罪於小孩。這種處理模式不但傷害了孩子對父母的信賴，也傷害了孩子的自尊。

「後果」這個說法已經變成「懲罰」比較軟性的同義詞，父母通常會解釋說，讓小孩學到他們的行為會產生什麼後果是必要、甚至有益的。但在我的經驗裡，懲罰既不必要，也沒有益處，因此最好能夠區別什麼是懲罰，什麼是所謂的**自然**的後果。

「如果你不乖乖坐著吃飯，就沒有點心吃！」這是懲罰。

「如果你再吃冰淇淋，恐怕就會肚子痛。」這是自然後果。

公平只是為了讓父母安心？

對許多父母而言，教養主要就是在小孩行為產生偏差時做出批評和糾正。然後小孩必須承認自己做錯事，或展現出真心的懊悔。依照這個模式，大人得負責讓小孩知道他們真的錯了，而且錯得很嚴重。承認了錯誤以後，小孩才能改進。這種思考方式產生了下面這些耳熟能詳的說法：

- 我實在替你感到丟臉！
- 你應該覺得丟臉！
- 你不覺得丟臉嗎？

在這種教養體制下，父母和兒女之間的任何衝突，都可以解釋成小孩缺乏教養或教養失敗，而公平的概念則成為掌權者的賞罰標準。實務上，這讓大人認為在執行懲罰前，必須先確定小孩真的有罪。因此父母關心的重點不在於他們施加的暴力，而是如果懲罰了無辜的孩子將有失公允。

弔詭的是，正因為父母遵照這種公平的概念在管教兒女，小孩往往只記得並抗議他們無辜受罰的事件。比較普遍（且極為不公）的「犯錯」經驗被壓抑在孩子心裡，因為他們認為那是正常的遭遇；在一個把批評當作教育和教養基石的體制下長大的小孩，會有這種心態也是很正常的。

公平的概念同樣會出現在父母極力避免給兒女「差別待遇」的家庭裡。依照這種思考方式，不管小孩的差異有多大，過節時應該收到相同的禮物，也應該受到相同的獎勵、相同的懲罰、相同的教養。結果有的孩子得到他們需要的，有的卻得不到，只能碰運氣。而為人父母者只要知道自己是「公平」的就放心了。

我所描述的價值觀，出自對小孩本質的一種老舊的理解，至今仍盛行於全球許多地方。不管對這套教養制度有什麼看法，我們都必須承認，這些方法成功的機率很高，至少在過去是如此。然而，它的目標，也就是教養出循規蹈矩的小孩，卻是狡詐的。這一點可以用一句我朋友和我在成長過程中聽過不知道多少次的警告來代表：「規矩點，不然人家會說爸媽沒教好你！」

父母在教養孩子時的優先順序是基於這些外在價值——學會如何「和別人相處」、「循規蹈矩」、「適應環境」、「說話得體」，知道要說「謝謝」、「你好」、「多謝招待」。小孩不應該做自己。他們被期待要「演出」，就跟演戲一樣，而且要像演員一樣記住自己的台詞。

多年以後的現在，我們對小孩的瞭解比上一輩多得多。我們必須提醒自己，那些仍然把家庭當作權力結構的父母之所以這麼做，是因為他們真心相信這樣對他們的兒女最好。在他們的經驗裡，這套教養方式並不是以權力的展現為主。

關係重思考，角色重分配

大概二十五年前，我這一代的人到了生育年齡，我們開始以新的方式來思考家庭。那是一個剛萌芽的新時期，家庭試著根據民主的理想重新自我建構。其中許多改變來自女性運動的刺激。經過數百年的壓抑，女性想要真正的平等，接踵而至的抗爭著重於改變性別角色和重新分配家庭責任，以及就業和教育上的社會不平等。

儘管我們許多人成長的家庭裡，多少帶有極權式的權力結構，但我們認為家庭必須越來越民主。我們相信小孩應該有權要求大人說明加諸在他們身上的規範和限制。我們也相信小孩有權對家庭的決策做出貢獻和影響。

這些進展使男性和女性、大人和小孩之間有了新的互動方式。好比說，父母比較不追求教養的方法，反而想多瞭解小孩和青少年。男女之間的性關係也變得更有意義，因為女性可以為自己的身體做主。這一點要歸功於醫藥產業，使有效的避孕藥廣為普及。在這段期間，描述家庭的修辭顯得高度政治化。

這場崇高的實驗雖然有效，成效卻不彰；也就是說，它對於重塑傳統的家庭價值觀影響有限。為什麼成效不彰？在這段期間，家庭以政治定義來描述兩性及親子的問題，這是一個合乎邏輯也必要的過渡階段。但這種政治語彙無法充分描述家庭內部的關係。事實上，一旦把政治語彙套用在家庭裡，意識型態往往會阻礙而非促進家庭的親密感。對於當權者來說，意識型態和極權主義提供了安全感和意義，但這種安全感永遠無法滲透到組織的底層，或是那些對現實有不同看法的人身上。

家庭互動的過程

毫無疑問的，民主價值對基本的家庭價值觀是一個良好的進展，但由於家庭內部存在著階層，光靠民主價值是不夠的。相信每個人都有權參與決策確實是有所幫助的，尤其如果我們把決策的項目連結到家庭生活的內容，例如決定今年去哪裡過聖誕節，以及誰負責做哪些家事。但這種處理方式不會影響實際的互動過程，而這個互動才是家庭成員在聖誕節期間如何感受以及如何相處的關鍵。

這個互動的過程，我們有時稱之為家庭的「調子」、「精神」或「氣氛」（希臘哲學家稱為 *Ethos*），指的是家人交流的品質：家庭成員如何互相理解及如何感受。這對於孩子和大人的生理及情緒的健康及發展，都是決定性的要件，而且會受到許多不同的因素影響，諸如：父母的個性和人生經驗；他們相互的關係；他們個人的情緒起伏；他們的觀念、觀點和哲學；他們對衝突的意識和他們處理衝突的能力；他們在壓力及危機期間運用資源的能力；他們的健康；他們的社會和經濟條件等等。

家庭的氣氛是由家庭裡的成年人所建立，這是一個經心理學證實的論據。我們不能把這種責任託付給小孩，也不能要孩子一起分擔。小孩根本承擔不起這種責任。他們需要大人的帶領，否則的話大家都會有麻煩。

但是這不表示小孩不會影響家庭內部的互動。恰恰相反。小孩的影響力在於他們缺乏人生經驗、他們的邏輯、他們的阻礙（如果有的話）、他們對衝突的感應，以及缺乏解決衝突的經驗。小孩也會透過他們的合作欲望、他們的活力和創意，還有他們經常扮演大人衝突時的避雷針，進而影響這個互動過程。

儘管如此，小孩無法為家庭互動的品質負責。如果父母基於不同的原因而無法承擔這種責任，最後必須讓小孩「做決定」，通常會造成毀滅性的結果，毀了大人、小孩，以及他們之間的關係。我們可以把實際的責任義務交付給兒童和青少年，但不能把家庭幸福的責任交給他們，那是大人的責任。

這並不是說小孩就沒有權利以民主的方式影響決策。如果主要目的是要讓他們認識民主規則，小孩也可以參與決策。當孩子和大人必須一起做決定時，如果大人可以認真看待小孩的希望和需求，對小孩會比較好。在家庭和整體社會中，隨心所欲和滿足需求往往有著巨大且重要的差異。

家庭在成立之初與破裂之際，充其量只是一個司法單元。但在這段過程中，家庭主要是一個存在和情感的組合。只要尊重彼此的權利，我們都會過得很好；但對小孩的幸福和發展而言，這樣的尊重是不夠的。健康的小孩需要的不只是政治和司法意義上的平等，也需要大人給他們個人的尊嚴。

從極權家庭到民主家庭的過渡時期，會有一連串的衝突，讓許多人傷痕累累。但這種改變發生在樂觀的時代：當時我們相信將來有一天會證明我們的努力是值得的。我們想揚棄「舊」傳統，又不清楚「新」風貌究竟是怎麼回事。直到今天，我們這一代的許多家長仍然遺憾「現代家庭」還沒有演進到可以解決本身的問題。

然而，整體看來，我們很快便發現民主的原則一旦套用在真實生活中，價值有限。這些原則太過抽象，不足以作為日常生活事物的準則。事實證明思易行難，現在我將逐一說明。

缺乏衝突解決的典範

對傳統家庭而言，理想的情況是衝突根本不存在。結果當大人和小孩發生衝突時，不是責怪大人沒有把小孩教好，就是責怪小孩沒有禮貌。因此第一代的民主家長根本沒有典範可循，也不知道如何以具有建設性的方式協調和解決衝突。

這些父母自然而然地轉而參考政治模式，也就是權力鬥爭。但這種模式不可避免地會有贏家和輸家，因此不適用於家庭。以這種模式為基礎的家庭，輸掉了家庭的團結。也難怪離婚率和單親家庭的數量屢創新高。

平等並無法達到健康的平衡

在民主家庭中，平等的概念首先表現在企圖廢除古老的性別角色，以比較平等的方式重塑兩性的角色。他們想剷除男主外女主內的設定。

但許多家庭，特別是那些有效達成性別平等的家庭，必須面對一個令人不悅的事實：雖然在實務和組織上，「平等」或許是一個崇高的目標，但並未使男性和女性在其他領域上達到更健康的平衡。當古老的刻板印象瓦解，其他的刻板印象立刻成形。兩個人一起分擔家務並不能解決如何分配情感責任的問題，以及其他與家庭管理有關的課題。

由於男性是過去極權統治者的直接繼承人，男人在家庭裡的角色受到大肆批評。許多男人覺得這種批評是一種閹割。然而，男性遭受到的這些批評有一個弔詭的地方：作為父親的男人，無論就質或量而言，從來沒有在家庭內扮演過重要的角色（除了賺錢養家這個非常重要的角色），他們之所以被批評，不是因為他們做了什麼，而是因為他們沒做什麼。

在女性開始進入職場的同時，許多男人多少有些被迫地承擔起更多的家庭任務和責任。男性從此不再是唯一賺錢養家的人。不論男女都開始要求男人把自己視為伴侶、情人、父親和家庭成員——也就是家庭情感結構的主動參與者。

有段時間，人們把平等界定為「同樣相像」（equal likeness），頌揚「溫柔男人」的美德。過沒多久，鐘擺又擺回另一個極端，「男子漢」被歌頌。這時男女都領悟到，光是「給女人她們想要的」，並不會成就一個比較民主的家庭。不能把所謂的女性價值（主要是基本的人性價值）移植到男人身上。

數千年來，女性一直得不到基本人權，然而她們總是設法維繫不同程度的人性特質。而男人獨自背負養家的責任，在職場上經常遭到欺凌，他們很多人已經遠離了他們的人性特質。從這個角度來說，平等依然顯著欠缺。

尊重與接受是愛的先決條件，還是愛的結果？

「尊重」和「接受」是男女新平等關係的關鍵字，不過意思都很模糊；也就是說，對這兩個詞的理解可以天差地遠，端賴說話者是誰。

舉個例子，我們人類是不是只要存在，就應該尊重彼此，抑或我們必須「贏得」別人的尊重？我應該尊重我的伴侶做事的方法（例如她教養小孩的方法），還是我應該看看結果如何再說？

假設我的伴侶說：「你必須接受這一點！」我應該隱瞞我的不贊成嗎？或者我應該同意或假裝同意嗎？她可以「要求」我接受嗎？或者因為我愛她，因此可以給她這份禮物？如果我尊重她，並且接受她的本性，最後卻發現我受不了和她共同生活，那會怎麼樣？是不是一定要先瞭解一個人，才能尊重和接受他，或是愛他？又或者這種瞭解是多餘的？

為了以具體的方式來表達這些抽象的觀念，協助我們瞭解家庭生活，我們必須先把焦點向內。我們必須學習接受自己的本性，這樣我們才能獲得某種程度的自尊。透過這個過程，我們會明白：把別人對我們的不尊重當作是我們個人的問題，是一件荒謬的事。既然如此，我們必須回到問題的起點：尊重和接受是愛的先決條件，還是愛的結果？

以愛的要求為名

在商業、法律契約及政治的權力遊戲上，提出「要求」是很重要的，但說到家庭就不是這麼回事了。女人可能會要求離婚的另一半支付子女的撫養費，但不太會要求對方為小孩負責或愛小孩。我們覺得男性與女性、父母和子女之間的愛，是一份禮物和特權，不是我們可以向彼此要求的。

當一個家庭成員提出要求，無論是責任、感情、關注、性愛、體貼、義務、在一起或尊重，要求的必然是愛。這是一種正當的渴望——卻是一種可笑的要求。

家庭生活充斥著各種要求。有時我們運氣好，可以得到我們要求的。但為了達到目的，我們往往付出極大的代價，和我們渴望相處的人失去了連結。

基於以上種種原因，以民主模式改造家庭的企圖算是往前邁進了一步，儘管沒有百分之百成功。它忽略了家庭生活的一個面向，也就是尊嚴；尊嚴是家庭成員良好的健康與發展的基礎。以對等的尊嚴待人，這個觀念已經存在政治宣言裡兩百年了，只不過很少被實踐。同樣的，這個觀念也很難套用在家庭生活裡，因為我們幾乎沒有任何模範和確切的例證。

一個對等尊嚴的社群

過去二十五年來，對等尊嚴的概念出現在家庭裡，親子關係不斷改善。這種改變最鮮明的例子，應該算是現在兒童和青少年擁有遠勝於過去的自覺和自然的本性。他們不再像前幾個世代的人，自動忍受父母和大人加諸他們的侵害和侵犯。

不過，於此同時，家庭和社會仍舊無法滿足兒童和青少年一個重要的需求：把他們視為社群的一員，並鼓勵他們把自己視為社群的一員。

對等尊嚴這個新興的概念也影響了兩性的關係。有清楚的跡象顯示，男女的傳統角色已經過時了。沒錯，男女往往有迥然不同的思考、經驗和行為模式。至於這些差異到什麼地步，乃是源自於生物或文化歷史的因素，不是這裡要討論的重點。對等尊嚴的原則強調人是不一樣的，但它並不會設法去平等化或解決這種差異。因此這個原則可以應用在男性和女性、大人和小孩、印度教徒和基督徒、非洲人和斯堪地那維亞人、醫師和病人或雇主和雇員之間的關係。

我所謂的「對等尊嚴」是什麼意思？「平等」是一種靜態、可測量的東西；「對等尊嚴」指的則是一種動態的內心過程。這不是一種建立之後就固定不變的特質，反而必須不斷適應新的環境。

對等尊嚴也有別於平等，因為它未必會反映在任何特定的角色分配中。舉例而言，星期天下午太太在廚房做菜，先生則在看電視轉播的足球賽，或是角色對調，而這完全無法顯示兩人之間存在多少的對等尊嚴。即便這種角色的分配看起來非常傳統，也不意味著雙方的角色不平等，除非其中一方覺得是被另一方強迫扮演那個角色。當一個人扮演了一個新的角色，唯有承擔這些新的責任會讓他成為更完整的人，平等才變得重要。換句話說，當父親付出更多時間在孩子身上，做太太的可能很慶幸少了一份責任。但除非父親因為和小孩相處而覺得自己變成一個更完整的人，伴侶關係才會成長。否則的話，他們只是在「幫忙」而已。

我們能否同時以對等尊嚴來對待伴侶和小孩，這一點和其他許多事物一樣，有賴我們成長時期的家庭經驗，以及我們當時遇到什麼樣的典範。如果小時候沒有這種經驗，我們可能很難以對等尊嚴來對待他人。那些因為外表、合作能力和學業表現優秀而從小被溺愛的人，更是難以做到。對大多數的人來說，以對等尊嚴對待他人的能力，需要學習和日復一日的訓練。

第二章

小孩會合作！

很多父母相信小孩必須「學會聽話」，
儘管這種期待幾乎都會導致小孩「不聽話」。
但其實小孩十之八九會選擇與大人合作！
大人應該做的是，瞭解小孩到底在配合什麼。

小孩之所以不合作，要不是因為他們已經合作了太多太久，要不就是因為他們的完整人格受到傷害。從來不是因為他們就是不肯合作。

基本衝突

根據歷來的文獻，我們知道個人和團體或社會之間的衝突，一直是人類存在的根本困境。這種衝突有時被稱為個人化和從眾之間的衝突，或是個人認同和適應之間的衝突。我選擇稱之為完整人格（integrity）和合作（cooperation）之間的衝突。

所有教養理論都是基於對這種衝突的解讀：小孩可能會不合作或表現得自我中心，因此大人的任務是教導小孩如何合作、適應，以及考慮到其他人。完成這種任務的手段各有不同。例如在十九世紀的下半葉，肢體暴力的使用減少了，對話溝通的作法變多了。

認定小孩是不合作的這種想法，直到近年才受到挑戰。好比說，在我出生的年代，小兒科醫師建議父母採用建構與衛生（structure and hygiene）的作法，也就是後來所謂「安靜、清潔、規律」的方法：媽媽們必須餵母乳、給小孩洗澡、在固定間隔及特定時

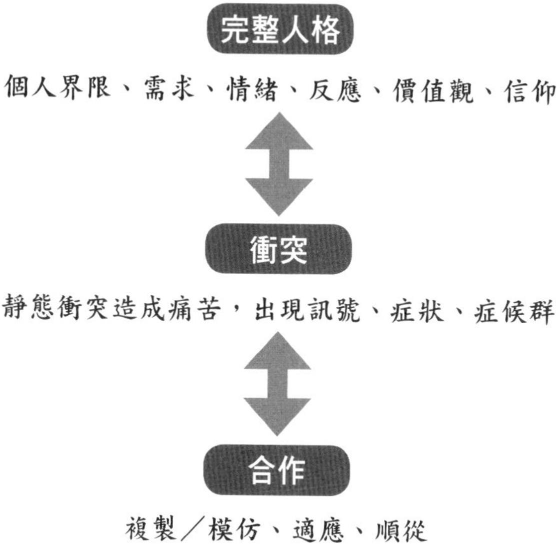

間下抱孩子上床睡覺。專家主張，如果父母沒達到這些目標，小孩就會控制父母！過了幾個星期或幾個月以後，當做媽媽的擔心起小孩經常生氣和哭鬧時，專家早就有了答案：他們會警告她如果不按表操課會有什麼危險，同時向她保證啼哭對孩子有益，可以鍛鍊他們的肺部。幸好對我們很多人來說，至少是那些安然度過人生最初幾年的人，我們的父母不忍心聽我們哭太久。他們違反醫師的命令，在不該餵奶的時候把我們抱起來餵個飽。

另外一個假設也是直到最近才受到挑戰：既然孩子保持人格完整的需求和他們的合作欲望會產生衝突，大多數的專家都說小孩會照著他們自己的方式走。因此父母必須幫助小孩學習按照大人的意思合作，這樣小孩才會從一開始就知道當家作主的人是誰。

經過四十年對家庭關係的密集研究，以及二十年對早期母子關係的探索，我們發覺事實正好相反。事實上，當小孩必須在保存自己的完整人格和合作之間做選擇時（小孩和大人一樣，每天會面對許許多多這樣的抉擇），小孩十之八九會選擇合作。因此小孩不需要大人教他們如何適應或怎麼合作。他們需要的是大人教導他們在和別人互動時要怎麼照顧自己。

大人之所以無法看出這個問題，有兩個原因：首先，當小孩合作時，我們通常不太注意他們的行為；只有當孩子停止或拒絕照我們的意思合作時，我們才會特別注意。其次，小孩的合作可能會以兩種很不一樣的行為來展現。在討論箇中差異之前，先讓我來定義一下我所謂的合作是什麼意思。

小孩的合作

我所謂小孩的合作，意思是他們會複製或模仿他們身邊最重要的大人——起初是父母，接著是其他和他們有密切接觸的成人。

例證

媽媽的產假結束後，六個月大的莉莉該上托兒所了。媽媽上班前送莉莉去托兒所時，莉莉哭哭啼啼很不高興，什麼也安撫不了她。但如果是爸爸帶莉莉去托兒所，她似乎沒什麼問題。

真是奇怪！為什麼會這樣？這對父母一再討論托兒所的品質，還有兩人完全相反的養育風格：媽媽是不是太保護小孩了？爸爸是不是太冷淡了？

在絕大多數的個案裡，小孩到托兒所時開不開心，和這些因素一點關係也沒有。像莉莉這樣的小孩在媽媽面前會哭，原因其實很簡單，因為媽媽（基於充分的理由）在情感上還沒準備好要跟小孩分開。她焦急、難過、緊張或不快樂，而且從生產後一直如此。但她壓抑了這些感受，因為情況不允許她留在家裡帶小孩。

即便媽媽自己沒有意識到這些感受，但莉莉感覺到了，並且加以複製。換句話說，孩子透過適切地傳達一個訊息來表達她的合作，這個訊息可以這樣解讀：「親愛的媽媽，我們之間有點不對勁，有些事沒搞清楚。我只是讓妳知道我知道了，我想妳會負起解決問題的責任，這樣我們兩個人都會好過一點。」

但是如果你問做媽媽的，剛剛那個大聲尖叫的小孩合不合作，她十之八九會否定。這是因為母親的合作觀念和適應比較有關；也就是說，她認為合作的孩子會忍受彼此的分離，不會哭鬧。

小孩被帶去看牙醫或醫生，或是被送到一個新環境時，也會出現同樣的情況。

例證

求子多年不成的凱倫和克里斯汀，好不容易生下女兒莎拉。凱倫請了一年長假，留在家裡照顧年幼的女兒。和大多數新手爸媽一樣，凱倫和克里斯汀高興得不得了，但心裡一直不確定自己能否承擔為人父母的重責大任。基於許多原因，他們一直沒機會好好談談兩人的不確定感。凱倫每天都必須應付小嬰兒，沒機會釐清自己的感受。每當丈夫下班回家或親友登門拜訪時，他們不是問莎拉好不好，就是說凱倫有這麼多時間和孩子在一起實在太幸福了。

漸漸地凱倫壓抑她的不確定感，對莎拉的衛生和飲食變得非常講究：女兒必須穿好的衣服，絕不能紅屁股，必須定時進食，而且最好要吃得很多。

莎拉三個月大的時候開始出現吐奶的情況。凱倫心急如焚，但她沒有對任何人提起這個問題，直到孩子的體重開始往下掉。終於她鼓起勇氣和莎拉的小兒科醫師討論。由於孩子有胃部賁門狹窄的可能，便安排到醫院做了檢查。檢查結果證明莎拉的身體沒有任何毛病，但她繼續嘔吐。餵母奶原本是一個親密而愉悅的經驗，現在卻成了她們母女的惡夢。

儘管凱倫不明白，但她的女兒其實非常合作，正傳遞給媽媽非常適切的反饋。她發出的訊息可以解讀成許多意思。

第一次嘔吐的意思可能是：

「謝謝，媽。我已經飽了！」

或者是：

「媽，我寧願在肚子餓的時候喝奶，而不是在妳想和我享受親密時光的時候！」

或者是：

「我們之間有點不對勁，媽。妳只顧著做個好媽媽，完全忘了我也有我的需要。妳不認為妳最好和爸爸談一談嗎？」

或是：

「聽著，媽，我實在受不了妳用這種方式對我。我覺得噁心！」

但凱倫不認為她女兒很合作。剛好相反。

幾個星期過去。莎拉又住了一次醫院以後，凱倫和克里斯汀決定諮詢家庭治療師。（治療師的結論不外以下三種：凱倫神經質、父母的婚姻出問題，或是孩子有毛病。）當治療師直接問凱倫，她認為莎拉可以怎麼合作時，凱倫回答說：「只要她正常進食，體重增重，我就很高興了。」

但這不是小孩合作的方式。他們會直指問題的根源。儘管他們沒有意識到，但他們總是能指出阻礙家庭幸福的衝突。

例證

一家人在餐廳吃飯。咖啡上桌時，服務生端了冰淇淋給四歲和七歲的小孩，他們三兩下就吃完了。同時間，他們的父母正專注於兩人的私密對談。

孩子坐著聽了一會兒，很快他們便發明了一個遊戲。他們悄悄地在空著的餐桌間繞來繞去。有幾次父母出聲嚇阻他們就停了下來，不過很快又玩了起來。

突然間父親氣沖沖地低聲吼了他們。當孩子聽話地走回來時，父親說：「你們沒聽見我說的嗎？你們兩個要是不乖，以後我再也不帶你們出來吃飯了。哦，算了，到此為止。我們回家！」

兩個小孩楞在那兒，垂著眼，縮著肩，不發一語地跟著父母離開。其實他們一直很合作，百分之百、公開、直接的合作。他們的行為表示，「既然爸媽只顧著彼此說話，我們就自己找事做，免得打擾他們。」

現在讓我們把時間快轉幾個月。某天晚上，其中一個孩子對父親說：「今晚可以出去吃披薩嗎？」

「嗯，或許吧。」她父親說：「但你們兩個要乖一點，不可以像上次一樣掃興！」

這又是一次錯誤解讀，把孩子自發性、充滿愛和體貼的行為解讀成「不合作」。再一次把合作和「循規蹈矩」混為一談。做家長的選擇把重點擺在聽話與否，而非建立一種以對等尊嚴和信任為基礎的關係。

如果我們換個方式來看待小孩的行為，或許會發現小孩在各方面都是擅長合作的專家。想想看，四歲大的男孩會學爸爸走路，六歲大的女孩和媽媽的吃相一模一樣，九歲大的男孩對弟弟說話的方式，和他爸爸對他說話的口氣如出一轍。做父母的人看到小孩用這些方式模仿自己時，很少會覺得憤怒或困惑。相反的，我們覺得洋洋得意。

不過當小孩複製或表達我們不想被別人看到或沒有意識到的感受和態度時，我們的反應可能會負面得多。很小的孩子確實就會研究大人，在表達自我之前先解讀大人的感受。舉例來說，當你造訪家有六個月到兩歲半的小孩的友人時，不妨留意一下：你進門之後，孩子會先花幾秒鐘時間仔細研究爸爸或媽媽的表情。如果爸媽激動、緊張、害怕或根本不想接待訪客時，小孩會開始哭鬧，或是把臉轉開不看客人。這時候即便父母擺出一副親切的笑臉，對客人說：「哦，是你啊！快請進！」通常小孩照樣會哭個不停。同樣的，如果母親招待一位仰慕者（儘管她不清楚自己對他的感覺），或者如果父親有了交往對象（但瞞著小孩），小孩馬上就會察覺到。

身為家庭治療師，我每天都看到這種複製行為的例子。小孩，尤其是年幼的孩子，在家庭諮商期間會變得很激動，要求大人的注意，直到他們的父母和我指出問題為止。一旦把問題指出來，父母也願意擔起處理問題的責任，年幼的孩子常常就這麼睡著了，而年紀稍微大一點的孩子要不開始畫圖，要不就覺得無聊想回家。對在場的大人來說，這是非常珍貴的反饋。

甚至當衝突和問題發生時，小孩也會複製父母的行為。好比說，正因如此才有人臆測酗酒的生物根源。我自己經手過的家庭治療經驗告訴我，父親或母親酗酒的小孩，長大之後之所以成為酒鬼，多半是為了配合他特別依賴的家長，也就是具有自毀傾向的父親或母親的行為模式。

就像我先前提過的，小孩的合作方式會表現在兩種不一樣的行為上。直接合作的小孩會模仿家長的行為。在父母雙方都沒有不好傾向的家庭，小孩往往會直接複製父母的行為。

- 受到尊重的小孩會尊重別人
- 受到關懷的小孩會關懷別人。
- 完整人格沒有被侵犯的小孩，不會侵犯別人的完整人格。

反向合作的小孩所做出的行為則看似相反，因為他把自己的行為轉而向內，試著表達內心的感受。然而，他的動機是渴望和父母合作。

我們經常看到同一個家庭裡的兩個小孩，以不同的方式和大人合作。這一點經常使父母和專業人員都很驚訝，因為兩個小孩的背景和父母教養的方式明明一模一樣。

例證

克羅埃西亞難民營一位年輕的母親找上營區的心理社會團隊，因為她七歲的兒子很難搞、叛逆、愛哭又麻煩，換句話說，就是不聽話又不合作。她形容自己十二歲大的兒子很體貼、懂事又合作；學校的老師也說他個性內向，不過聰明又勤奮。

這一家人遭逢巨變。這名婦女的丈夫六個月前在波士尼亞前線戰亡；她的家人被分散到不同的難民營和庇護中心。這位母親選擇了和大多父母相同的方法來處理自己的喪親之痛：以小孩為重。她自然把喪夫之痛藏在心裡，只有在獨處時會常常哭泣。這種充滿愛和善意的作法非常普遍，可是這種處理方式對母親和孩子都不健康。

比較大的兒子所採用的合作方式是有樣學樣。生命的火花熄滅，他把哀傷深埋在心裡。他彎腰駝背，步履沉重，臉上總是帶著難以理解的木然神情。周遭的大人都同情他也關心他。他對母親的愛不曾說出口，卻讓母子倆都感到平靜和慰藉。在我看來，他是以直接的方式和母親合作，純粹是模仿母親的行為。

小兒子也願意合作，不過是採反向的方式。他的行為剛好相反。這個家裡只有他一個人積極表現出他有多麼哀傷、絕望、沮喪和渴望陪伴。換句話說，他試圖為他母親壓抑的感受發聲。但做母親的沒辦法一邊適應自己的感受，一邊體會他的感受；他們的感受太像了，她根本辦不到。他也想像哥哥那樣和母親合作，可是他做不到。他拙於表達的沮喪非但沒有引起其他大人的同情，反而喚起了他們的無助和怒氣。他不像哥哥那樣「成熟又懂事」。他被認為是「幼稚又不乖」。這三個人的合作方式都犧牲了自己的健康。但只有小兒子掌握到讓家庭更健康的關鍵。是他指出明路何在。

幸好這位母親意識到自己需要幫助。她看出危險的徵兆，並且認真以待，尋找其他人一起討論她的問題。最後心理社會團隊把她引介給一群有類似處境的婦女。當她接受了自己的悲痛，就能夠讓大兒子也表達出他的悲傷。結果小兒子也跟著平靜了下來。

在父親對妻子和／或小孩施暴的家庭，我們經常看到相同的現象：分歧的合作行為。往往有一個小孩會模仿父親，把暴力和毀滅性表現在外；而另一個孩子則模仿母親，把暴力內化。這樣的孩子要不就把自我毀滅傾向表現在外，濫用藥物、濫交或企圖自殺，要不就變得安靜而自我抹煞，拒絕許下任何個人承諾，對別人有過度的責任感。要注意的是，許多這些把暴力內化的行為經常被誤認為是「家教好」的表徵。

當這種家庭的小孩邁入青少年，會出現迥然不同的行為。基於許多原因，男孩仍然有暴力傾向，女孩則出現自我毀滅的傾向。造成這種現象的主要原因之一，是女孩常常把母親當成模範，因此配合她的自毀式行為模式。然而，進一步檢驗，可能是因為在親子互動的本質和性質上，每個小孩和父母的關係都不一樣。

下面是瞭解直接和反向模仿／合作的概略方法：

．被批評的小孩變得喜歡批評他人或自我批評。
．在暴力家庭長大的小孩會變得暴力或具自毀傾向。
．在無法表達感受的家庭裡長大的小孩變得安靜或愛講話。
．受到暴力或性虐待的小孩會變得極端和自我毀滅，或是極端而暴虐。

根據我的估計，一旦遭遇大人有害的行為對待，百分之五十的孩子會以反向的方式合作。另外百分之五十會選擇直接合作，並因此被貼上「有問題」的標籤。所謂有害的行為未必總是殘暴、專制或暴虐，也可能是過度關心、順從和防衛。我提出這一點是為了強調，不管我們做什麼總是有充分的理由。我們都是無辜地被導向做出那些有害的／自毀式的行為。

許多大人會做出他們認定是愛和關懷的行為，但其實不然。人們想要表現出愛的行為，但光有這樣的意圖是不夠的。過去當家庭是一個專制的權力結構時，父母很容易就可以壓抑孩子的能力。幸好現在要壓抑小孩的能力已經難得多。不只小孩和青少年變得更有自信，父母也變得比較有彈性，整個社會也更加嚴肅看待個別小孩的健康和福利。

完整人格

我用「完整人格」這個詞，指的是一個集體概念，關係到我們的生理與心理存在的完整和不可侵犯性。要談論完整人格，必然會挑起認同、侷限／界限、個人需求和價值觀的問題。

在大多數的案例中，小孩面對父母時無法保護自己的完整人格。我的意思不是說他們在這方面完全無力，其實他們在很大的程度上可以自我設限。我的意思是說，當他們自身的需求和父母的需求產生衝突時，他們往往會忽略自己的需求；他們選擇合作，而不是為自己著想。

要說明這一點，不妨想想亂倫。兒女或繼子女被父親或母親性侵害，嚴重傷害了小孩生理、情感和存在的完整性。當亂倫的受害者描述他們被侵犯時的感受，往往說他們知道這種事大錯特錯，而他們也曾試圖用口語和非口語的方式來自我防衛。聽到這些說法，任何有同情心的人實在都難以想像有哪個成人竟然可以不顧年幼受害者的苦苦哀求。所有的亂倫受害者都為了合作而放棄自己的底線。當受到威脅或控制時，亂倫受害者甚至經常會答應加害者不把事情說出去。有時候這種忠誠、合作的沉默會持續好幾年，有時甚至是一輩子。

面對我們社會認定不但非法、在道德上更應該給予最高譴責的不義，沉默顯然是一種自毀式的反應。我們不難想像沉默且有自毀傾向的小孩會如何面對每日生活中那些比較沒那麼嚴重的不公平——那些不公平普遍被接受，也被認為是「良好教養」中重要且必要的一部分。

小孩面對侵害通常會產生自毀式的反應。也就是說，當父母每隔一段時間就有意或無意地以相同的方式侵犯兒女的完整人格，小孩不會認定父母的行為是錯的。他們會認為是他們自己錯了！他們失去了自尊，產生內疚或羞愧感。這樣的互動對孩子的生活品質和親子關係的品質都會造成畢生的影響。

令人遺憾的是，一個人的完整性越是受到侵害，他就越容易向加害者屈服和合作。不只小孩會這樣，和具有暴力傾向的伴侶同居的女性也一樣。治療成人凌虐（adult torture）受害者的臨床醫師觀察到，受侵害的嚴重程度和受害者的罪惡感具有正相關。凌虐的目的顯然是要摧毀受害者的完整人格，只差沒把受害者弄死而已。從施虐者的觀點來看，最成功的凌虐是讓受害者對發生的事感到極度羞恥。

同樣的，因為父母的虐待（生理和心理的暴行）而進入專門機構接受治療的小孩，通常極度缺乏自尊，也會產生極大的罪惡感。他們對父母仍然忠心耿耿，而且明明知道可能會弄得遍體鱗傷，卻經常覺得必須回家過週末或假日。

完整人格受到侵犯的小孩總是有辦法向大人傳達這種傷害，但他們發出的訊息經常被忽略、壓抑或錯誤解讀。

舉例來說，我小時候的那個年代，家長和老師大多認為只有告訴小孩他們有多「壞」，才能讓他們學「好」。如果大人有足夠的說服力讓小孩知道他們的行為有多壞，小孩就會變得「守規矩」。

然而，對小孩說他們錯了，是侵犯他們的完整人格，他們常常會用非口語的方式，清楚而明確地傳達出這種侵犯：他們會哭或擺出難過的表情，他們看著大人一會兒，如果大人不理解他們的訊息，他們會動也不動，眼睛望向地板，垂頭喪氣。他們的每個動作都在說：「你傷害了我。」

事實上，有的小孩真的會說：「你傷害了我。」結果只聽到大人說：「我跟你講話的時候不要插嘴！」在其他的例子裡，大人把小孩的肢體語言錯誤解讀為叛逆，於是說：「我跟你說話的時候要看著我！」這兩種反應都在強化外部的社會理想，而犧牲了小孩個人的完整性。這種說法是在告訴小孩，「我說的話有沒有傷害你並不重要；如果有，或許你會記得更牢一點！重要的是你要有禮貌，人家跟你講話的時候，你要看著對方！」

如果這種對話不足以讓小孩屈服，大人有時會捏著小孩的下巴往上拽。在這種情況下，小孩只剩下一種防禦的方式：垂下眼。但這種反應會讓一些父母怒不可遏，甚至會訴諸肢體暴力或叫小孩進房間去，等想通了再出來。

這種作法在三、四十年前的丹麥非常普遍，現在還是有許多國家的父母認為這麼做很正常也可以接受。為什麼？原因有兩個。

一，很多大人都這麼做過，所以這麼做理所當然。二，也是最重要的一點，這樣小孩才會乖乖合作！被打和被處罰不准吃晚飯的小孩，會在兩個小時後或次日早晨想通，重回父母的懷抱。她會和爸爸玩球，和媽媽說貼心話，和朋友在院子裡跑來跑去。她或許還會正經八百地向父母道歉，或許她父母也會主動開口說：「把不好的事都忘了吧，都過去了。」

小女孩不生父母的氣，也不會以更批判性的眼光看待父母。然而，她又失去了一小部分的自尊。她也失去了一點點的自我，變得更像她父母心目中的孩子。可是就像所有小孩一樣，她無條件地愛著父母，願意不計代價地讓他們得到心目中想要的女兒。她深信他們是對的，而她是錯的，以至於她極可能按捺了自己的痛苦和羞辱。事實上，二十年後，她恐怕會對她自己的小孩做同樣的事。

小孩的合作能力經常被用來支持某一種教養方法是「對」的，或者小孩其實不會因為我們大人給予的教訓而「受害」。父母指著合作的小孩說：「啊哈，你看，我早就跟你說過我們把強尼教養得很好。看他多麼合作啊！」

例證

一個年輕的母親沒辦法應付所有等著她下班回家處理的家務。和丈夫分開以後，她必須獨自照顧三歲的女兒和五歲的兒子，打掃、煮飯、洗衣，還要一肩扛起家庭經濟的重擔。她的解決辦法是對小孩說，他們每天必須乖乖待在房間裡看上好幾個小時的電視，好讓她專心打理家務。

小孩的老師發現他們在學校有點被動，神情有點憂傷。當老師問到是不是哪裡不對勁時，男孩埋怨說他被迫要待在房間裡。於是老師打電話給孩子的母親，她承認自己把小孩趕進房間，但她提出兩個理由為自己的行為辯護：她母親當年也是這樣對她的，結果她也沒有怎麼樣；此外，她經過小孩房間時聽到他們玩得很開心。當然，孩子並不開心，他們只是很合作。

我舉這個例子並不是要爭論說把小孩關在房間幾個小時是對是錯。我要強調的是，小孩給了我們清楚的訊號，而我們必須認真看待，即便這麼做有違我們小時候被教養的方式，或其他人對孩子的教養態度。

肢體暴力對任何人的人格都是一種侮辱，包括小孩在內。我們可能會說這是「唯一的解決辦法」，或者說「是他自找的」，或者辯解說大人有權體罰小孩，企圖把暴力合理化。事實上，我們為了減緩我們的行為所造成的衝擊而發明的各種托詞，應該已經多到足以讓我們發現自己正在做一件明知道不對的事。

儘管如此，許多大人為體罰辯護時提出的理論，和這位把小孩關進房間的母親一樣。「我小時候被狠狠揍過幾頓，那是我自找的，但你看我現在不也好好沒事。」而且，「這個辦法很有效！小孩犯錯的時候，只要用力打上一巴掌，就能確保他們不會再犯。」

「這個辦法很有效」的論證不只父母會引用，教育和心理健康專業人士也不例外。表面看來，他們說得對，這些辦法確實有效。實際上，一方越是要求另一方犧牲其完整性，這些方法看起來越是有效。正因為如此，六歲的亂倫受害者才會表現得像是十三歲的蘿莉塔；日本學童因為成就焦慮而自殺也是同樣的道理。各有噱頭的宗教新教派才會這麼有吸引力。史達林或南斯拉夫革命家提托這樣的人過世才會有上萬人哭泣。父系社會的父親和渴望權力的祖母才會幻想有整個家族在背後支撐他們，但其實全家人只是**聽命行事**而已。

拿效果來為體罰辯護，又犯了兩種錯誤。首先，我們已經看到小孩會自願配合他們愛、信任和依賴的大人，不管這個大人做出什麼行為。其次，現在我們已經很清楚長期暴力帶來的情緒、認知和精神影響，單憑短期內有效就說使用暴力是正當的，這種說法根本是不道德的。

換句話說，光說某個方法「有效」已經不夠了。我們必須檢視有效的原因和方法。我們必須開始就人與人如何對待彼此，提出比較深入的問題。我們必須思考，我們自己、我們的小孩、案主、病患和其他社會成員，為了表面上看似成功地促使小孩合作的手段，必須付出多少人性和社會的代價。如果是必須犧牲一個人的完整人格，那這個代價未免也太高了。這是一個簡單而文明的倫理原則。

過去當我們仍然相信小孩天生是沒有能力的半人時，或許還有可能找到侵犯他們完整人格的正當理由。掌握權力的大人有詮釋及描述現實的權力。這似乎也表示大人知道怎樣做對小孩最好。他們知道小孩要如何才能長大，以及如何成為真正的人。

「你長大就會知道這有多重要！」

「這都是為了你好！」

「有一天你會謝謝我這麼做！」

「你痛，我比你更痛！」

這些只是大人在侵犯小孩和青少年的完整人格時提出的幾種典型的說法。以最有同理心的方式來解讀，這些話其實透露出大人對自己的行為有多麼不安，以及他們認為這種行為是必要的。

而現在我們比較瞭解孩子了。我們不但知道小孩是很有能力的；我們也知道：

- 他們生來就是群體的動物；
- 他們可以表達自己完整人格的內容和侷限；
- 他們能夠也願意配合大人的各種行為，不管這個行為對他們是有益或有害的；
- 他們會用口語和非口語的方式適切表達出父母所經歷的情緒和存在困境。

簡言之，小孩最麻煩難搞的時候，就是他們對父母的生活最有價值的時候。

在本書的論述過程中，我將設法說明及證實這個會引起爭論的主張，它也是建立新形態親子關係的基石。以下是三個案例。

例證

尼可拉斯十一歲的時候，他父母經歷嚴重的婚姻危機，兩人經常從晚上吵到凌晨。

每次出現這種狀況時，尼可拉斯就會醒來一直哭。爸媽抱著他，想哄他高興，但似乎怎麼哄都沒有用。他們怎麼做就是安慰不了他。他們越想搞清楚他要什麼，他就變得越煩人，直到一個小時後才筋疲力盡又睡了過去。第二天早上，他照例是悶悶不樂且脾氣暴躁。

他的父母明白孩子的能力，他們知道尼可拉斯這種行為不是要「引起注意」，也不是要干擾他們。他們試圖理解他的行為，也想起過去相似的情況：尼可拉斯常常在他們做愛時醒來，但那時候他並未顯得不安，所以很快就能哄他繼續睡覺。這樣想來，他們不得不承認深夜吵架具有多大的殺傷力，不只說話的語氣充滿斥責和不悅，而且這些爭吵從來沒有真正解決問題，最後他們只覺得疲倦、易怒、沮喪。

過了幾個星期，這對父母找到更有建設性的方法來討論兩人的歧見。尼可拉斯半夜還是會醒來，看起來很難過和不高興，可是坐在父母身邊聽他們聊了五到十分鐘，他就平靜下來，想要再回床上睡覺。

這對父母認真看待兒子的反應，從中學到了一個他們原本可能好幾年都學不到的教訓。他們發現兒子的難過和沮喪是在說：「親愛的爸媽，我不喜歡你們用這種方式解決你們的問題。這讓我害怕和不開心。你們不能想想別的辦法嗎？」兩人改變了處理問題的方法，尼可拉斯也改變了他表達的訊息：「你們意見不合時我還是有點害怕和不高興，但我現在對你們處理的方式很放心！」

例證

露薏絲是一個麻煩、要求很多的九歲小孩，還出現了驚人的自毀行為：她會用剪刀剪手指、用刀子戳肚皮，還會把針刺進鼻子裡，弄得自己流鼻血。露薏絲有一個哥哥，她常常拿自己和他比。這幾年來，她不斷對爸媽說：「為什麼你們愛我不像愛湯瑪斯那麼多？」在湯瑪斯因為經常無緣無故流鼻血而到醫院接受靜脈燒灼手術後不久，露薏絲便開始生氣地把自己也弄到流鼻血。

露薏絲的父母很稱職，他們深愛女兒，而且盡全力改善他們和女兒的關係。他們通情達理，也很理智，同時盡量滿足女兒的要求。他們和其他人討論過女兒的情況，這些人都建議他們要設限。但露薏絲還是繼續找麻煩。有好幾次她要求爸媽一起「開會」，她在會議中說：「我們不能再繼續用這種方式對待彼此了。難道我們不能從現在開始試著做好朋友嗎？」

問題依舊無解。這對父母覺得受挫、筋疲力盡、困惑不解。他們沒有生女兒的氣，也沒有把她「教訓和修理」一頓。可是當露薏絲開始自殘，他們轉而感到內疚，也明白他們必須求救了。

這家人開始進行諮商治療時，我們首先檢視露薏絲自出生以後和爸媽的關係，幾個因素清晰浮現：

一、她媽媽懷孕時出了一些問題，生產的過程既痛苦又混亂。

二、露薏絲從一開始就很麻煩，不安、吵鬧、飲食失調。她媽媽覺得自己力有未逮，逐漸產生防禦心。

三、露薏絲的媽媽餵母乳時奶水不足，產婦病房的其他母親會用譴責的眼神看著她們母女。

四、露薏絲的爸爸正處於創業的艱苦期，因此極度投入工作。照他自己的說法，幾年之後他才真正花心思陪伴女兒，也才發現他太太一直沒辦法和女兒建立和諧的關係。

露薏絲從出生以後就缺乏小孩健康發展不可或缺的安全感，特別是她不覺得照顧自己的是一個安全又有能力的人。她媽媽則感覺自己大多處在防禦的狀態，而且只能自己設法解決難題。

在這種情況下，露薏絲有兩種可能的反應：她可以認命地當一個所謂「好帶」的孩子，或者她可以主動抗爭以得到她缺乏的東西。露薏絲「選擇」了後者。

近年來有些兒童發展研究者相信，小孩天生具有某種「性格」（character）。不過根據我的實務觀察，露薏絲堅持和主動爭取的性格究竟是出自基因，抑或是她展現合作的一種獨特的心理表現，其實不是特別重要。能夠看出性格和表現出來的行為之間的差異，才是父母的重要任務。這決定了一個孩子會往好的方向發展，或者是朝自毀的方向前進。

好比說，露薏絲和媽媽合作的方式，是用行動表達出：「親愛的媽媽，對於應該如何照顧我，妳好像有點困惑和不確定，所以我必須把自己的意思表達得非常清楚。如果妳做我不喜歡的事情，我一定會抗議，而且如果我想要什麼，我一定會提出要求！」

她大聲說出：「為什麼你們愛我不像愛湯瑪斯那麼多？」是想要用這句話來表達她

的困境。傳統心理學（和普通常識）會把這種問題詮釋為嫉妒，但我不這麼解讀。露薏絲的意思是說，媽媽對她的愛用錯了方法，這讓她覺得自己對父母毫無價值。我們小時候都極度渴望自己在父母眼中是有價值的。

一旦小孩（或成人）覺得自己沒價值，就會變得易怒、挑釁和受挫。小孩沒有足夠的能力和成熟度來處理這些複雜的感受。想像一下，四歲大的露薏絲對爸媽說：「聽清楚了！我們之間出了問題。我知道你們愛我，我也竭盡全力讓自己值得你們愛。但大多數的時候，我還是覺得你們不愛我。看到你們和哥哥的關係，我知道你們跟他相處要比跟我相處容易得多，我很難不羨慕。」這話說的一點兒都沒錯。可惜的是小孩不會這樣說，儘管這就是他們想要表達的意思。

可是父母和專業人士錯解了露薏絲的經驗，把她的感受貼上「嫉妒」的標籤，露薏絲覺得自己好像做錯了事，從而強化她的「嫉妒」行為。這種惡性循環在大人身上也看得到。

露薏絲父母的反應和絕大多數慈愛的父母一樣。聽到女兒抗議說他們比較愛哥哥，他們馬上回答說：「露薏絲，不是這樣的。我們愛妳就跟愛湯瑪斯一樣多！」這個答案坦白又真實，出自父母的一片愛心，卻造成了反效果：露薏絲覺得自己更加孤獨，錯得更厲害。露薏絲也許會告訴自己，「我看得出他們愛我，也聽得出他們愛我。但既然我感覺不到他們愛我，那一定是我有問題。」

現在我們回到露薏絲一開始展現的合作方式——要求一堆。她需要無時無刻的關注。她常常提出大人做不到的要求，例如在冬天想要吃某種冰淇淋甜筒。每晚上床之後，她一定會把爸媽叫回她房間十到十五次。當爸媽沒辦法或不願意滿足她的需求時，場面就會變得很戲劇化。露薏絲不接受任何拒絕！

這種行為也經常被錯誤詮釋。有人勸家有像露薏絲這種小孩的父母要「設限」、「立場堅定」、「說不」、「態度一致」等等。但是這些教養方法只觸及問題的表面，就像是把小孩對愛的懇求詮釋為嫉妒只是一種表面的解釋。真正的問題是小孩不知道自己需要什麼。他們往往只知道自己想要什麼。這不表示小孩沒有能力讓自己的需求得到滿足，而是說他們缺乏表達自我所需要的觀點和語言能力。事實上，他們希望也仰賴父母表達出他們表達不出來的意思。

儘管孩子無法表達他們需要什麼，但他們很清楚自己的需求沒有得到滿足，而且他們能夠給大人充分的反饋。有時他們的方法是表現得很難過（很難帶），或變得完全順從和被動。

像露薏絲這樣主動又精力旺盛的小孩，會本能地要求他們想要的一切。不管得到了多少，他們的要求有增無減，越來越多，也越來越荒謬。大人自然會覺得這種行為實在令人生氣。在那些至今仍強調老派教養原則的文化中，家長可以用肢體暴力和／或語言攻擊來壓抑這種行為。小孩的非理性行為極可能會因此消失，等到長大後才又表現出來。

有些家庭努力追求比較體貼和民主的教養方式。不幸的是，在過去十到十五年，我們看到越來越多這樣的家庭任由自我中心的小孩橫行霸道。這種現象的發生通常是因為父母不敢對小孩太過管教，又不清楚如何在和小孩相處時帶入他們的個人權威和界限。結果這些父母往往淪為孩子的「傭人」，反而讓孩子得到太多他們想要的，獲得太少他們需要的。此外，當父母用「伺候」的方式和小孩相處，雙方都只會覺得越來越孤單。（有些小孩的需求一直難以得到滿足；但從另一方面來看，拜更為自由派的教養態度和繁榮的經濟所賜，現在有太多小孩得到太多他們想要的。一些新近民主化的東歐國家出現一小群暴發戶，使得這種情況尤其明顯。這些家庭的父母自然會把財富給予子女，常常是象徵社會地位的物質財產。）

露薏絲用了三種方式讓爸媽知道她不覺得自己對他們有價值。首先，她的要求越來越多，然後她開始把自己的感受化為語言。可惜這兩種方法都沒用。她和爸媽都耗盡了力氣和對彼此的愛，想創造出一種比較和諧的關係，然而似乎只是白費工。但他們的努力並非毫無成果。露薏絲積極戰鬥，她爸媽也積極地解決問題，這麼做對孩子未來的成長和發展是個很好的預兆。如果露薏絲和她爸媽乾脆放棄彼此，她的未來恐怕會悲慘得多。

施加痛苦在自己身上，是露薏絲試圖引起父母關注的最後手段。她的行為表示，「我跟你們在一起很痛苦……我在淌血！」這一次，她父母聽到了。

和這家人談話的過程中，我得知露薏絲的母親在童年時不斷遭到自己父親的肢體侵害。她的合作方式是讓自己變成一個貼心又聽話的女孩，永遠滿足其他人的需求，結果她從來不曾發現自己的需求，也沒有學會如何表達。因此她和露薏絲現在必須經歷相同的學習過程。她們必須共同學習！到了這個年紀，這位母親才被迫學習如何感受和表達自己的需求和界限，好讓女兒學到同樣的東西。諷刺的是，是露薏絲給了母親勇氣，接受自己小時候受虐的事實。從這個角度來看，在一種更深而且和存在有關的層次上，露薏絲的行為對她母親的人生以及她父母共同的人生，是非常有價值的。如果露薏絲百般要求的行為被認定為「教養問題」，她母親絕對不會吐露童年受虐的事。運氣好的話，一個膚淺的教育策略或許可以幫助露薏絲變得比較能夠讓人忍受。她父母也會比較有信心。但露薏絲的服從將是以高昂的代價換來的，她的自尊將一去不回。

現在我們來看看另外一個例子，說明小孩有能力給予正確的情感反饋。

例證

一個正在度假的義大利家庭，一家人盛裝打扮、自信滿滿地走進餐廳吃晚飯。這對父母和分別是四歲和十歲的兩個女兒散發出優雅的氣質。餐廳領班為他們遞上菜單，每位客人有三種開胃菜、四種主菜可選。爸爸選好了，媽媽選好了，大女兒點了跟媽媽一樣的菜，媽媽正要替小女兒點菜，小女兒低聲卻堅定地提出抗議，說她知道自己想吃什麼。爸爸眼帶威脅，媽媽則直接打斷小女兒的話，她說：「那個妳不喜歡吃！」於是菜點好了。這段插曲前後不到一分鐘，大女兒不發一語，低頭看著她的盤子。

第一道菜上桌時，媽媽把小女兒盤子裡的菜切成一小口一小口。女孩沒有抗議，只是乾脆不吃。爸媽都設法勸女兒吃東西，但她不為所動。服務生把盤子端走，準備上主菜的時候，爸媽警告小女兒最好規矩一點，否則後果自負。除了威脅，爸媽還對小女兒說，如果她再拗下去，就不准她吃甜點。

主菜送上來時，媽媽又把小女孩的餐點切成一小塊一小塊，用叉子叉起一塊塞進她的嘴裡。女孩心不甘情不願地慢慢吃完整道菜。等爸媽把他們答應的獎賞發給她的時候（甜點），她說她一點也不想吃。其他人心照不宣地互瞥一眼，為小女孩「幼稚的愚蠢」搖搖頭。

第二天晚上，同樣的戲碼再度上演，只不過這次小女孩什麼都不吃。餐點結束以後，爸爸叫媽媽帶女孩上床睡覺去，懲罰她丟人現眼的行為。女孩和第一天晚上一樣沉默。而讓她父母覺得丟臉的是，服務生會看見盤子裡沒吃的食物。

第三天晚上，這一家人得到了「治療」，來自一個意想不到的人：餐廳領班。當領班記下了父母和大女兒點的菜以後（大女兒點的菜總是和媽媽一樣，而且總是得到爸媽的點頭肯定），他轉頭問小女兒：「這位小姑娘今晚想吃什麼呢？」

小女孩抬頭看著他，表情又驚又喜。她突然換了個姿勢。前幾天晚上她總是端正但不自在地坐在椅子上，這會兒她跪在椅子上，看上去和其他人一樣高。然後她說：「可以再說一次有哪些菜可以選嗎？」

「當然，小姐，」領班回答，就像剛才對其他人一樣，他把菜單仔仔細細解說了一遍。女孩熟練地點了菜，然後趁有些楞住的雙親還來不及反應時，就開始聊起天來，彷佛剛才沒發生什麼不尋常的事。不用說，後來女孩把她的菜吃得一乾二淨。

接下來幾天又重複了這個場景，不過有一個重要的改變，那就是餐桌上的氣氛一天比一天更歡樂，爸爸甚至不打領帶了，改穿休閒衫來吃飯。好教養遭遇了一次重要的挫敗。在能幹的四歲小孩引導下（出自睿智領班的幫助），這個家庭的情感生活得到解放。女孩打贏了這場大多數小孩不戰而敗的戰爭：決定自己想吃什麼、什麼時候吃、吃多少的權利。她堅持她的完整人格。她父母看到她的能力，接受了，也讓他們的生活因為她的能力而更有意義。女孩的姊姊也將因此獲益，雖然她當時不明白：現在這家人變得更有彈性，我們有充分的理由認為，在妹妹自己點了菜以後，姊姊未來的青春期將不會那麼難熬。

⮟

但很多小孩運氣不好，沒有一對懂得調整的父母，或沒有遇到聰明的領班，怎麼辦呢？對痛苦的徵兆已經麻木的那些父母和大人，我們能拿他們怎麼辦呢？

根據我的經驗，很多父母已經準備好要聆聽和學習，比我們以為的更多。他們需要的不是別人的批評和指控，而是同理心和諒解。誠然，父母經常以批判的角度對待自己的小孩，但那是因為他們小時候也吃過這種苦頭，而且他們受苦的時間比他們的小孩更久。我們必須可以看出他們的能力，就像他們必須可以看出自己小孩的能力。我們希望他們怎樣處理小孩的問題，我們就得怎樣處理他們的問題。

完整人格和合作之間的衝突

當大人和小孩互動時，我們認為道德的行為事實上可能是不道德的。

大人和小孩每天都必須做上幾十次看似「非此即彼」的選擇：我們應該忠於自己（重視我們自己的完整人格、個人界限和需求），還是應該為了維繫關係而犧牲我們想要的（因為害怕被報復或拒絕，或是因為想要遵守社會規範，而屈服於外在的要求）？是否這樣的衝突可以被調整和改變，讓我們能夠「魚與熊掌兼得」，取決於家庭及文化的對話與協商傳統，也和個人自我表達的能力息息相關。本書稍後會探討這個觀念。

當完整人格和合作發生衝突時，小孩通常會選擇和父母合作，因此忽略了自己，尤其如果連父母最細微的壓力都能讓他們屈服的時候。要理解這種合作的傾向有多大，就必須明白我們現在說的不只是父母（多多少少）事先考慮過後加諸小孩的壓力，例如選擇如何教養兒女、送他們上哪些學校、選擇住在哪裡，以及選擇用什麼方式工作。這些重大的決定顯然會對小孩產生壓力。但這些有意識、經過預先設想的選擇，只是所有衝突的一小部分。

在影響小孩的諸多壓力中，更大的部分來自我們比較沒有意識到，因此也幾乎或完全無力控制（至少大多數人在育兒時是控制不了）的許多現象和過程：婚姻的起起伏伏、和存在有關的內在衝突、不同的脾氣和情緒、近親的離世、工作上的壓力、經濟危機或內戰等等。

舉例而言，小孩生理完整性的一個重要成分，是他們有權在他們需要的時候進食，而不是在他們不想要的時候進食。然而，這個基本權利經常受到干擾。

例證

五個月大的莎拉大多會乖乖吃完一整份蔬菜泥午餐。有一天，她吃了四湯匙之後就拒絕張嘴吃第五匙蔬菜泥。她媽媽起初的反應是想盡辦法要哄她張嘴，等到這一招行不通，她照例又開始玩起遊戲：「看，莎拉，噗……噗……噗……一架小飛機飛來了……衝進妳的嘴巴裡。」試了好幾次以後，莎拉嚎啕大哭。媽媽摸摸她的頭，說了幾句安慰的話，然後又玩起飛機的遊戲。莎拉屈服了，把塞進她嘴裡的每一口蔬菜泥都吞下去。

莎拉的母親陷入新手父母常見的執妄：小孩健康的食慾是教養成功的明證。她是以有意識、預先設想的方式在壓迫女兒。

同樣是五個月大的羅拉喝奶時間到了，但她就是不肯吸奶，即便媽媽換了另一邊乳房，不斷哄著她都沒用。這時媽媽突然生氣起來，把羅拉舉到自己面前，不斷搖晃她說：「妳鬧夠了。我沒時間整天坐在這裡等妳決定妳要怎麼樣。快喝奶，叫妳喝就喝！」羅拉喝了幾口就睡著了。

羅拉的母親是一個精神狀況不穩定、失業的年輕單身媽媽，也沒念過什麼書。女兒等於是她生命中唯一的意義。她經常分不清是自己需要親密關係，還是羅拉需要。結果她經常在羅拉需要睡眠時不讓她睡覺，在羅拉不餓時餵她喝奶，她是用一種未經預先設想的方式在壓迫女兒。

上述兩位媽媽都想好好照顧自己的孩子，確定她們吃飽了。然而，她們兩人都犯了一個根本的錯誤：忽略孩子發出的訊號。為人父母，我們有責任偵測出我們想過或沒想到的錯誤。我的意思是說，我們必須提高警覺，注意孩子身上出現的訊號和症狀。

世界上沒有所謂的完美家庭或完美社會。完整人格和合作之間的衝突如果繼續下去或沒有解決，最後會讓我們每個人都出現警訊或症狀。家庭生活的品質取決於大人如何處理所有家庭成員發出的訊號和症狀，以及他們能否把個人的痛苦納入彼此的對話中。

我們越是為了合作而犧牲個人的完整性，所招致的痛苦就越多。我們會變得非常善於壓抑痛苦，以至於我們自己和身邊的人都沒有察覺到。然而，不可避免的，我們會發出口語或非口語的訊號，顯示情況不對勁了。如果我們和身邊最親近的人認真看待這個訊號，瞭解問題的重要性，並改變我們的反應方式，衝突就會解決，痛苦也會減輕或消失。如果沒有任何人採取行動，訊號會增加或改變（用肢體動作來取代話語）。最後，真正的症狀將會顯現。第一個訊號可能是倦怠；最後的症狀是殺人或自殺。

嚴格來說，在這個精神運作系統下，發生任何事都不足為奇。身體運作的方式也一樣。每個細胞都有自己的界限和身分認同，和其他細胞處在一個獨特的平衡中。當我們透過菸草或其他毒品侵害一個細胞的完整性，身體會失去平衡。如果這種侵害持續下去，就會患病或產生苦痛。如果侵害是輕微、有限期的，我們或許能夠恢復，但若侵害持續越久，就會造成長期的傷害。

不過說到身體侵犯，我們文化所定義的侵犯和實際上構成侵犯的要素大不相符。除了大人和小孩的關係，男女之間的關係更是如此。真正的侵犯已經多到我們難以承認的地步。

小孩的完整人格會受到三種不同的侵犯：

- 過度的肢體暴力、性侵犯或疏於照料，這都是社會不容許的侵犯。
- 施加受到社會肯定的「良好」或「必要」的教養方式。
- 施加意識型態的立場，例如強行實施政治或宗教教化。

根據本書的定義，侵犯個人的完整性是違背道德的，而現在我們要以另一種方式來描述「侵犯」：在大人和小孩的互動中，所謂的符合道德通常很可能是不道德的。我這麼說不是為了對任何人做道德指控，只是要鼓勵大人們以批判的角度看待「每個人都在做的事」，檢視我們文化中那些「平常」、「普通」和「正常」的觀念和作法。

根據我的經驗，小孩和青少年尤其必須發出訊號，讓負責教養他們的大人知道，完整人格和合作之間的平衡已經被扭曲，而且他們深深受痛。我稍後會解釋，父母和其他成人可以主動幫助小孩學習保護他們自己的完整人格，這些成人扮演了很重要的預防性角色。

沒有大人是完美的，每個孩子也都不同。因此我們會「犯錯」，每個人都會在無意間、充滿愛心、滿懷善意地犯下大錯。這是可以接受的！大人必須做的是，為自己的錯誤承擔責任，而不是像現在這樣老是怪罪小孩。**事實上，大人在描述他們和子女的關係時，經常訴諸一種明顯到令人汗顏的雙重標準：如果親子關係成功，是因為父母做得好；如果親子關係不成功，是因為小孩不乖。**

現在我們知道小孩會配合父母，因此對於傳統上被歸類為「適應不良」或「自我中心」的小孩和青少年，我們可以大膽做出其他結論：

- 當小孩的行為出現破壞性和／或反社會性時，永遠是因為他在模仿或配合大人。大人的任何行為往往被孩子認為是「可接受的」，而孩子總是在被大人侵犯之後才會出現這種破壞性的行為。有時大人的侵犯行為是為了給孩子一個「教訓」，但這麼做往往出於自毀的衝動。
- 當小孩停止或拒絕合作時，要不因為過度配合家裡有傷害性的情況，而且配合了太久，要不就是因為他的完整人格受到直接的侵犯。

小孩和青少年發出的各種訊號數也數不清。下面是父母對陷入心理衝突的小孩所做的幾個典型的評語：

「他就是不聽我們的話！」

「她從來不在我們說好的時間回家！」

「其他人吃飯的時候他總是不餓，可是半個小時後又嚷著要吃！」

「我整天跟在他們後面收拾！」

「叫他打掃房間像是打戰！」

「最糟糕的是她還會對我們撒謊！」

「他幾乎每天都要我們逼他才會寫作業！」

「要是我們不叫她，她早上根本起不來！」

「叫一聲才會動一下。不叫的話他們什麼都不做！」

「早上幫她穿衣服實在是件苦差事，她就是這麼難搞！」

這種用字遣詞，這些評語，清楚指出了誰對誰錯。傳統上，教育者、心理學家和其他專業人士常常用上述這種父母的眼光來看待衝突，要不就是把問題怪罪在父母身上。

讓我們思考一下其中幾個衝突。我先前提過，每個家庭都是獨一無二的，若未深入瞭解每一件個案，根本無法解釋任何行為。因此接下來的這些觀察只是出自我為許多家庭進行諮商的普遍經驗。

「他就是不聽我們的話！」

當小孩「就是不聽話」的時候，通常是因為父母說的話不值得聽！別誤會，父母的話很可能是真實的、合情合理、公平，甚至字字珠璣。但他們表達這些高貴情操的方式可能錯了，或是用在錯誤的脈絡下，或是他們的表達方式侵犯了大多數人的個人價值。舉個例子，小孩子可能會毫無埋怨地配合大人極端自毀的行為，然後在他的不合作會得到較寬容的對待時，再做出反抗這種自毀行為的反應。對大多數的幼兒來說，這不是有意識的選擇。他們只是跟隨自己的直覺或傾向。

父母說這句話所根據的價值觀或許也需要修正。還是有很多父母相信小孩必須「學會聽話」，儘管這種期待幾乎都會導致小孩「不聽話」，不管他們有沒有表現出來。這是因為在我們非常願意合作的時候還必須聽命行事，會讓我們覺得既沒尊嚴又羞辱。

至於小孩的反應背後具有什麼動機，只要想想我們的配偶或雇主，就很容易可以理解。「他只要好好跟我說就行了。」在被老闆羞辱之後，我們這麼說是為了搶救我們的自尊。沒有人喜歡聽命行事，即使在武裝部隊裡也一樣。然而，軍隊的目標是訓練人們做出毀滅性的行為，因此在那個脈絡下服從是必要的。家庭的目標則相反。

「其他人吃飯的時候他總是不餓，可是半個小時後……」

那些不想和家人一起吃飯的小孩，可能只是有特殊的生理時鐘。但他們可能也是在傳送一個重要訊號：「我一跟家人坐下來吃飯就沒胃口。餐桌上的氣氛緊張有害健康，而且因為我不知道怎麼用話語表達，只好選擇不吃。」

同桌吃飯（有些國家至今仍保留這個傳統）常常是全家人每天唯一的相聚時光。在這種時候，每個人自然會對餐桌上的情緒氛圍很敏感，也會想起尚未解決的衝突。很多人都還記得小時候處在這種情境下是什麼感覺。跟朋友或熟人同桌吃飯時，只要在談話時不小心起了什麼爭執，我們也會想起這種感覺。

有一件事是確定的：小孩做出這種行為不是為了讓父母的日子難過。他們這麼做是為了家人好，不是跟家人過不去。

我想思考另外三種類型的訊號：

一、心身症狀（psychosomatic symptom）：頭痛、胃痛、背痛、肩頸肌肉緊繃、體重下降或增加等等。

二、家庭以外的毀滅性行為：在學校的行為問題（不良行為）；挑釁或攻擊其他小孩；過動，難以專注；加入幫派或被霸凌；曠課；犯罪；濫用酒精、藥物、吸入劑、處方藥等等。

三、自殺未遂、沉默、孤立、暴力。

心身症狀

當我們說到「心身」的訊號和症狀，意思是這種訊號是生理的（身體），但具有顯著的心理背景。醫學一開始只治療身體，對心靈和心智這兩個要素的認知慢了些。這三者如何互相影響及原因為何，我們幾乎一無所知。

一般而言，對於源自心身而非身體的毛病，人們要背負比較多個人責任，碰到這種問題會出現各式各樣不同的行為反應，有人覺得非常難堪，也有人對於自己的心智健全感到焦慮。當有人說小孩有心身症狀時，父母通常會把這種診斷當成一種指控。這一點實在令人難過，因為這樣會阻礙父母瞭解小孩的生活到底出了什麼問題。

無論我們如何堅定地照顧小孩，都不能確保他們的人生一帆風順。我們可以疼愛小孩，盡力為他們做好面對人生的準備，但無法保護他們不受生活的現實所傷害。痛苦是每個人從胎兒到死亡的人生過程中一個自然的部分，其中也包含了因為完整人格和合作之間的衝突所帶來的痛苦。

當經歷這種衝突的小孩出現心身症狀或訊號時，他們想要表達的意思是：「我的人生現在很痛苦，我還沒找到好的處理方法，而且我不知道怎麼跟別人說，因為我找不到能夠表達這種痛苦的話語。我被困在一個我解決不了的衝突裡。」

我們最好把心身症狀和表現在社會行為上的症狀視為一種「邀請」：

「哈囉！我現在覺得不太舒服。能不能拜託哪個人到我的世界來看看我，幫我弄清楚究竟哪裡出了問題？」

還好我們現在瞭解，當小孩接受到家庭不適當的心理滋養時，往往會出現體重問題，有的小孩因此吃太多，有的吃太少。我們也知道一個承擔太多責任的小孩會肌肉緊繃和頭痛。小孩如果感到焦慮或有其他解不開的情緒衝突，經常會覺得肚子痛。

當小孩出現心身症狀時，我給父母的建議很簡單：邊看邊學。試著從小孩的角度去看他們的生活。更重要的是把這種狀況當成一個機會，以新的方式瞭解你的子女，而不是追問「原因」。（逼問小孩是沒有用的。如果小孩知道哪裡出了問題，也知道用什麼話語來表達，這個訊號就是多餘的。）漸漸地你會發現當日子不好受時，你的小孩會出現什麼心身反應。有的小孩在嬰兒時期會中耳發炎，而多年以後，一旦遭遇壓力，耳朵痛的毛病就會出現。有的孩子會拉肚子和便祕。有的小孩會感冒和流鼻水，有的會喉嚨痛。有的小孩老是睡覺，有的小孩則會過動。

但有的小孩之所以出現心身症狀和訊號，是因為他們覺得無法和大人討論他們的苦惱。有時候則是因為這些症狀是家庭「討論」問題時所使用的「語言」，為了得到大人的關注，就必須學會使用這種語言。或者可能是由於父母之間多番爭執，小孩不想拿自己的問題「打擾」他們。也可能是因為小孩企圖表達自我時，父母就是不聽。可能的原因說也說不完。重點是：心身症狀是經過編碼的訊號，大人必須嚴肅看待這些訊號，幫助小孩把這些訊號翻譯成直接而清晰的語言。

毀滅性與自毀式行為

當小孩出現毀滅傾向，是因為身邊大人以語言或肢體（或兩者）侵犯他們的完整人格。從某方面來說，在小孩真正需要的是獲得自尊的人生階段，和父母（或照顧者）在一起卻使他們失去了自尊。

同樣的模式也可以套用在出現自毀傾向的小孩身上，無論是直接自殺，或是透過藥物濫用或不安全的性行為間接地自我毀滅。我前面提過，毀滅性和自毀式行為只是兩種不同的合作形式，都是用來回應「被接受的侵害」（accepted violation）。事實上，小孩和青少年經常有意識地接受家庭生活中的侵害。小孩會合作！大人應該做的是瞭解小孩到底在配合什麼。

例證

一個九歲大的男孩早上到學校時，半邊臉腫得厲害。他顯然挨過一頓揍。老師通知他母親到校，她承認打了他。母親說男孩打了他三歲的妹妹，藉此正當化她自己的行為。「他絕對不能做這種事，」她說。「打年紀比自己小的人是不對的！」她已經打了兒子好幾次，因為每次她認為他不守規矩的時候，她總覺得自己無能為力。

原來這個母親大多數時候是獨自照顧三個孩子；她丈夫在鑽井平台工作，每次離家總要好久才回來。由於沒辦法應付形同單親的角色，最近她開始仰賴兒子照顧弟妹。既然要扮演代理父親的角色，這個男孩自然模仿起母親對「大人」的定義。

要批評他母親虛偽很容易，畢竟她自己也動手打了兒子（以懲罰他打妹妹），但這不是重點。瞭解她的觀念以後，我們發現依照她的信念，孩子絕不能打年紀更小的孩子，但只要理由充分，大人就可以打小孩。她只是跟很多大人一樣，由文化和從小接受的教養中學到，小孩並非生來就是真正的人，但他們可以變成人——只要在必要時打他們一頓就行了。

例證

有些情況更難理解。例如三歲半的彼得已經成了幼稚園的問題人物，因為只要他覺得氣餒或不順心，就張嘴咬他的玩伴。

幼稚園安排彼得的爸媽和家庭治療師見了三次面，他們都很願意參與。他們從一開始就坦承有幾次在束手無策下，他們動手打了彼得的屁股。但事情已經過去一段時間了。由於彼得和爸媽的關係大致上平和愉快，家庭治療師懷疑究竟是不是那兩、三次打屁股的經驗造成學校目前的問題。

彼得的爸媽持續接受諮商將近一個月，諮商時彼得也都在場。在這段期間，他和其他小孩的關係稍有改善，儘管他偶爾還是會咬人。對於彼得究竟為什麼會咬其他小孩，參與諮商的幾個大人無法得出任何結論。

過了幾個月，彼得又開始咬人，情況嚴重到讓人擔心，於是校方又安排他們去見治療師。這一次彼得一點都不配合：他問什麼時候要回家、可不可以畫圖，但又拒絕使用「那些愚蠢的鉛筆」，他想坐在爸媽的腿上，但他們得答應不說話等等。

彼得的爸爸設法讓他合作。一開始他小聲對孩子說話，態度似乎很溫和，但最後不可避免地扯開嗓門說出這樣的話：「夠了！」「別說了！」「聽我說，彼得！」當家庭治療師指出這個現象時，做父親的帶著內疚的表情回答說：「對，您恐怕說對了。我太太告訴我，我總是對他凶巴巴的！」

現在總算找到了彼得在幼稚園咬人的原因，每個人都笑了，彼得也不例外。他爸爸解釋說自己受到的教養就是「廢話少說」，而且每當他覺得洩氣時，就會使用他父親當初教養他的方法。和彼得最親近的幼稚園老師說，彼得的情況和這個做父親的一模一樣。如果這孩子想要一件玩具或想要坐在餐桌的某個位置，他會很有禮貌地開口要求，可是一旦無法如願，他就張嘴咬人。被問到前幾次諮商時為什麼沒提到丈夫的行為，彼得的媽媽回答說：「因為他現在不像幾年前那麼嚴重了，他都改了這麼多，我就不想再批評他了。」

接著彼得的媽媽建議丈夫，對彼得生氣的時候，與其凶巴巴的，不如說：「現在我不知道該說什麼。我得停下來想想。」事實證明這是個好策略，因為爸爸停下來思考的時候，不但想到了滿意的解決之道，彼得也改變了他處理問題的方法。他不再咬其他小孩，而是縮到角落生悶氣，直到他轉移注意力為止。當做父親的溝通能力成長，彼得也隨之成長。

每當我遇到像彼得他們這樣的家庭，再想想多年以來大人一直把像彼得這樣的小孩視為有「社交問題」或「和其他小孩相處有問題」，我常常覺得膽戰心驚。這樣的描述並沒有錯，卻膚淺得可怕。彼得沒辦法和其他小朋友相處不是真正的問題所在，而是他放出的煙霧訊號，要大人注意到他的痛苦。

一代又一代，面對小孩發出的訊號，我們的反應是指示他們應該怎麼樣「守規矩」。結果，合作的小孩毅然決然地承受痛苦，更糟糕的是他們把痛苦藏在心裡，繼續扭曲他們的生活，讓他們對自己有了錯誤的認知。比較不合作的小孩拒絕接受我們的指示，加重他們「不合群」的行為，直到周圍的大人發覺情況不對勁。

彼得發出的這種訊號展現了最真實也最正確的合群。畢竟最合群的作法不就是告訴他最親近的人，跟他們在一起讓他很痛苦，為了大家好，我們必須有所調整。想來實在諷刺，反而是很多大人經常對小孩說：「你必須替所有人著想，不要只顧你自己！懂嗎？」

不管是面對以訊號喚起我們同情和理解的小孩，還是引起我們焦慮和憤怒的小孩，我們的作法都是一樣的，說來可悲，卻合乎邏輯。例如，想想那些極度過重的小孩。看到他們被同儕無情地羞辱時，我們覺得同情，並且送他們去參加體能訓練計畫、營養治療和烹飪課，好幫助他們減肥，避免受到譏笑。這個策略固然出於一片好心，卻是治標不治本；除此之外，這樣也只能幫助少數的孩子。對於無法減重的小孩和青少年來說，我們在教育上的努力除了傷害他們，更是一種侮辱。這些方法讓小孩覺得他們好像哪裡不對，簡直和同儕對他們的譏笑和羞辱沒兩樣，只是換一種形式罷了。

我認識一個十三歲的女孩，她把這種傷害表達得再清楚不過了。她的體重在一年內暴增，爸媽因為擔心她的體重而四處請教別人。在治療的過程中她爸媽一直很憂心，治療進行了幾分鐘，艾莉西亞站起來，憤怒的眼淚滾下臉頰，伸出雙臂大喊：「我的天哪，你們都只看到我身上的肉！」

當然，這個女孩是特例，因為她懂得把她的存在困境形諸話語。小孩多半沒辦法如此精確地表達自我。小孩（許多大人也一樣）找不到適當的字詞來表達他們的痛苦，所以往往會接受別人提供的解釋、診斷或刻板印象。

總的來說，從前不管是在封建制度或獨裁政權下，要活下來就必須犧牲自己的完整性，配合當權者。父母以這種方式教養小孩，其實是給孩子必要的人生教訓——讓他們做好面對成人生活的準備。但現在已經沒有這個必要了。現在人們大多認為，在權力濫用的社會中無法追求人性的尊嚴。

即便在二十世紀，社會的現實情況已經大幅改變，但我們對養育小孩的基本假設依然如故。我們通常認為個人維持及發展完整人格的需求，與社會對組織和發展的需求勢必會產生利益衝突。

基於我治療家庭和其他各種團體的經驗，我必須說這個基本假設已經與現狀不符。許多證據顯示，事實剛好相反：必須先關注個人的完整性，與他人的關係才能夠健康地發展。除非有個人的成長為基礎，否則不可能會有集體的成長。

關於兒童（從而人類）心理發展的新知識，讓我們可以形成新的價值觀，以此引導小孩與大人的互動。這些價值觀不只必須融入家庭，也必須融入小孩和大人共同參與的其他環境——托兒所、學校、社區中心。

我提出一個新典範：**小孩的行為無論是合作或破壞，對父母的發展和健康都很重**

要，正如父母的行為對小孩的發展與健康有多麼重要。大人和小孩的互動是一個互相學習的過程。我們越是以對等尊嚴彼此相待，得到的收穫就越多。

第三章

自尊與自信

不管受到什麼樣的對待，
小孩對父母的愛是無條件的。
小孩的自尊發展之所以重要，
無關乎他們如何看待父母，
而是關係到他們多麼喜歡自己。

自尊、自我價值和自信，經常被當作同義詞使用。雖然三者相關，意義卻不一樣。我認為有必要瞭解三者的差異。

過去五十年來，父母和教育者，尤其是教導那些有所謂心理和社會問題的小孩的工作者，一直很重視小孩的自信，也努力加強孩子的自信心。

不過基於幾個原因，他們的努力經常被誤導。最重要的是，他們經常搞錯問題。他們專注於加強小孩的自信，然而真正的問題是小孩缺乏自尊。此外，他們的努力經常產生反效果，弄得小孩自尊感更低落。即使他們的努力成功了，效果可能無法持久：孩子後來又出現自尊心低落的情況，通常是處在壓力下的時候，例如遭受強烈且可能造成自我毀滅的問題。青少年和大人的心理治療過程也會出現這種轉變，只不過程度沒那麼嚴重。自尊心低落也會影響愛情和友誼。

有些文化相信的觀念是，經常給予讚美（大量使用「太棒了」、「好極了」、「很厲害」、「太好了」等字眼），會增進小孩和大人的自尊心。結果許多人發展出膨脹的自我，這是「自我」感的一種劣質替代品，就像氣球吹得太滿可能爆裂，這些「自我氣球」一旦遇到一點點挑戰，不論是學業成績不佳或是和女朋友分手，就可能爆裂，讓父母、朋友和師長都震驚不已。

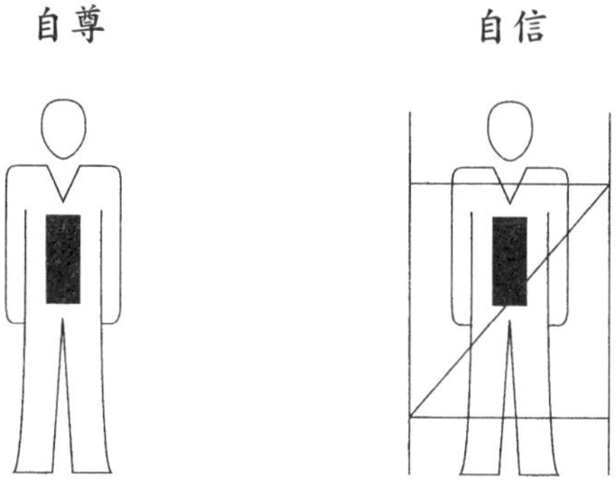

定義釐清

自尊是我們對於自己的瞭解和體驗。自尊所處理的問題是我們對自己瞭解多少，以及如何看待我們對自己的認識。我們可以把自尊想像成一種內在的支柱、中心或核心。

擁有健康、發展良好的自尊感，可以讓人覺得自足，對自己很放心。健康的自尊發自內心說：「我很好，因為我存在，所以我有價值！」相對的，那些自尊感低落的人做什麼都沒把握、自我批判、內疚，儘管他們的實際行為看起來可能充滿自我吹噓的意味。

從另一個角度描述自尊的根源，不妨想像新手爸媽凝視著他們沉睡中的新生兒。他們滿心想著，這個可人兒多麼美好而珍貴，只因為她存在！大多數父母的這種感覺可以持續好幾個月。然後，他們開始覺得想要「糾正」他們的創造物。這種想要修補的需求往往會持續下去，掩蓋了他們最初的喜悅，直到小孩的幸福受到威脅為止。只有在可能失去孩子的可怕情況下，父母才會想起當初的感覺：他們愛她，只因為她是她自己。

無論高低，自尊是一種存在的特質，是我們心理存在的基石，而且會隨著人生的演進而改變。自尊的質和量都可能增減。

自信則是一種衡量我們能力的方法：我們擅長做哪些事情，做哪些事情則顯得笨拙又沒有效率。它指的是我們可以達到的成就。自信比較是一種後天的、外部的特質；不過所謂外部指的並不是表面，而是展現在外的行為。

我說過，自尊和自信是不一樣的概念，不能把兩者相提並論或交互使用。但兩者確實相關：如果一個人擁有健康的自尊，很少會出現自信的問題。然而，有自信的人未必有自尊！

舉例來說，如果一個自尊感發展良好的小孩或大人想學鋼琴，一旦她發現自己不特別具有音樂天分，她的反應是冷靜的。她可能會為了必須放棄夢想而難過，但她能夠以實際的話語來表達她的失望：「我無法成為鋼琴家！」或許她將來可以用更客觀的觀點說：「我就是沒有音樂才華。」

但自尊感低落的人做出的反應就誇張得多：「我什麼都做不好！」對他而言，鋼琴彈不好不只是音樂天賦的問題，他會把這整個經驗（其實是他對自己的認同）視為一場重大的挫敗。

顯然，知道自己哪方面不擅長，和覺得自己愚蠢、失敗或錯誤，是完全不同的兩回事。一個人要是覺得自己很笨，不管學什麼都很難。

健康的自尊是指擁有清楚、完整而且能夠接納別人的自我形象。這無關乎道德或成就、強項和弱點、好與壞。而是關係到能否對「我是誰」感到滿足，不帶批評或判斷。

我之所以區分自信和自尊，有一個重要原因。如果一個人的自尊感低落，想要提高他的自信心也沒什麼不對。對那些自尊低落的小孩，父母或其他大人都不該放棄幫他們建立自信。但重要的是不要自我欺騙，以為支撐一個孩子的自信，也會撐起他的自尊。無論我們覺得自己多麼能幹，都不會讓我們對自己更滿意。這是兩回事。訓練、發展、讚美、評估、鼓勵和支持人們達成目標的能力，固然是一件好事。但是他們的心理健康也需要被關注。

例證

約翰，三十八歲，曾經拿過全國足球賽冠軍，現在是一名正在接受治療的酗酒者。他和他的治療師意見不合。他們建議他為鎮上的青少年進行足球訓練計畫，作為復健的一部分。但約翰一口否決了這個想法，他說自己再也不踢足球了。

他的治療師把這件事詮釋為他缺乏自信的一個跡象，於是更加積極地鼓勵他。最後約翰總算能把自己的想法表達得更清楚：「我酗酒的原因之一，是當初從足球界退役時，我覺得非常失望。我發現那些我視為朋友的人，原來都只是酒肉朋友。」就像我們上面討論過的，他說：「退出足球界之後，我感覺彷彿人家欣賞我只是因為我的能力，而不是因為我這個人。」

像約翰這樣的故事你可能也聽過。小時候雙親和老師都鼓勵他踢足球，因為他似乎欠缺自信。當他展現出特殊的運動天分時，他們想盡辦法支持他發展。他們參與他的訓練、關心他球隊的活動、週末大多到球場觀戰。當他開始在媒體上曝光，和國外的職業隊伍簽約時，他們也和他一樣高興。

約翰之所以和治療師起衝突，是因為他們跟他爸媽和教練一樣，忽略了約翰的一個根本特質：他的自尊感低落。和大多數的小孩（及大人）一樣，約翰表達自尊心低落的唯一方式，是對自己的行動沒有把握。就如同小孩經常說「我做不到」、「那個我不會」、「我想不通」或「那太難了」之類的話，約翰沒說出口的是：「我不覺得我有什麼好的！」

作為一個運動員，約翰得天獨厚；但作為一個人，他和很多人都有同樣的苦惱——因為聽多了也相信周遭大人的智慧，於是小孩和青少年覺得唯有達成什麼成就，他們才會有地位。就此而言，自信心很像是我們所謂的「地位象徵」，它或許能提高你的社會地位，但不會改變你是什麼樣的人，以及你如何看待自己。

低自尊會以許多不同的方式展現出來：害怕失敗、自我吹噓、對人生恐懼、毫無界限、失敗主義、自大、罪惡感、濫用藥物、暴力行為、消化不良等等。稍後本書會談到其中許多現象。

自信的欠缺則和低自尊無關，我覺得不是什麼特殊的問題。換句話說，自信心低落或缺乏自信不是心理問題，而是實際的教學問題，可以藉助學習、訓練、客觀反饋來解決：運動員找教練、作家找出版商、教育者找同事、學生找老師。隨著成就提升，自信心也會跟著增加。

「看我，媽咪！」認知孩子被看見的需求

自尊靠兩種經驗來培養：我們生活中最重要的人「看見」並承認我們，以及我們察覺到自己對其他人有價值。這兩種感覺，以及流暢的個人語言（這一點本節稍後會討論），是建立幸福生活的先決條件，不論獨自建立或者與他人共同建立。

容我解釋一下。在我的經驗裡，所有父母都愛他們的孩子，但不是每個父母都有能力把他們的感受表達得清晰適切。然而，愛的表達是自尊發展的一個關鍵。**如果父母對待孩子的方式不能讓孩子體會到愛，那父母心裡就算滿溢著愛，又有什麼用？**父母是什麼用意並不重要，重要的是小孩體驗到什麼。成年人的關係也是如此。

幼兒會毫無顧忌地承認他們需要被看見。在遊樂場，一歲半的凱薩琳第一次溜滑梯時，看著她媽媽大喊說：「看我，媽咪！」大多數的父母巴不得看個夠，卻在無意間給了小孩不是他們想要的東西。

例如，凱薩琳的媽媽讚美女兒說：「哦，妳真棒！做得好！」

這句評語出自一片愛心，可惜把「存在」和「成就」扣在一起。當大人這樣回應時，我們會說他們「答非所問」。假如我邀請好朋友來家裡吃晚餐，我在飯後喝咖啡

的時候說：「實在很高興又見到你了！」結果他卻回答：「對，你顯然已經學會做菜了！」很明顯這是答非所問。

這就是凱薩琳的感覺，彷彿她和母親並非在跟對方溝通。女孩從來不覺得她必須很棒才會覺得溜滑梯好玩。她正在經歷一件事，當她說：「看我！」她想要證實她的經驗和她的存在，僅此而已。她真正想說的是：「看見我！」

有的父母會用比較自我中心的方法來表達他們的愛，說：「小心不要跌下來摔傷了。」這種永無休止的擔憂毒害了自尊的發展，因為小孩接收到的訊息是：「我不認為你應付得來。」這也會把小孩的注意力從他自己的經驗轉移到母親的感受上。如果母親老是擔心，兒子一定會配合母親，不管是變得謹慎而焦慮（直接合作），或是變得笨手笨腳、意外連連、橫衝直撞，以符合母親的負面期待（反向合作）。

在這種情境下，父母該怎樣做才能培養孩子的自尊？凱薩琳的媽媽只需要和女兒短暫地眼神交流，揮揮手說：「嗨，凱薩琳！」這樣就表示她見證了女兒的經驗。反之，凱薩琳也會接收到一個重要的訊息：她知道她被「看見」了，這可以滿足她被愛的需求，同時把這份愛傳達給她。

但假如凱薩琳的媽媽不只是想看見孩子的經驗呢？她可以看著女兒的臉，如果她看到女兒臉上單純的喜悅，她可以說：「凱薩琳，好像很好玩！」如果女兒臉上的表情是喜悅和恐懼夾雜，她可以說：「看起來很好玩……不過也有點危險，對吧？」她這麼做是給女兒一個表達內心經歷的方式，一種個人的語言。我在前面提過，擁有個人語言是發展健康自尊的必要條件。除非父母花時間看著孩子，以同理心把他們的表情和感受形諸文字，否則小孩無法學會一套個人語言。

換言之，小孩必須先被「看見」，才能學習如何以語言表達他們的存在。嬰兒只能用聲音和主要肌肉的動作來表達自我，全靠父母弄清楚他們想要表達的是什麼。畢竟啼哭可以代表「我很難過」、「我不高興」、「我餓了」、「我冷了」或是「我病了」。父母的職責是弄清楚上述哪一種說法符合哪一種哭法。就算是襁褓中的嬰兒，我們也必須凝視他們的眼睛，說：「啊，你冷了，我的寶寶。」或是，「哦，你只是肚子餓了。」在前一章看到的小莎拉，如果她母親不繼續把食物塞到她嘴裡，然後說：「我想妳已經不餓了。」對小莎拉應該會很有幫助。

為什麼必須賦予小孩一種個人語言，讓他們透過這種語言來理解和表達他們的感受和經驗？因為**對彼此都很重要的人，他們之間發生的所有衝突，只能透過個人語言的使用來解決**。如果我們不能以個人的說法來表達自我，我們會弄不清楚自己是誰，其他人也很難瞭解他們和我們是什麼關係。

把時間快轉到小莎拉四歲的時候。如果那時候她已經發展出個人的語言，她就可以在吃了一定分量的晚餐之後說：「不，謝謝，我不餓了。」如果她母親不斷強迫和控制她，她可能無法清楚說出什麼，但她會把盤子推開說：「我不要吃！」或是「我不喜歡吃！」或同樣粗魯的話。在這個例子，她只學會兩種反應方式：讓自己認同母親的感受和需求，或是斷然抗拒。不管是哪一種，她從此疏離了自己的感受和需求，她表達感受和需求的能力也一併失去。在莎拉成長的過程中，這種失落不但會製造她和母親之間的衝突，還會導致她和朋友、男朋友或女朋友，以及和她自己將來可能生下的小孩之間的關係出現問題。

聽起來很極端？事實就是如此！當家庭一味讚揚外部價值，例如必須把盤子裡的菜吃光光，就會產生如此嚴重的問題。這種家庭不鼓勵個人語言，不然就是只容許幼兒說個人語言。一旦小孩長大，個人語言就要換成「得體」的社會語言，而社會語言完全不適合處理個人或人與人之間的問題。

例證

六年級的馬可似乎不再像過去那樣對學業感到興趣和快樂。他父母有兩種可能的作法：試著用傳統的方式「教養他」；或者設法「看見」他。

選擇第一個選項，他們會說出類似這樣的話：「馬可，為什麼老是要我們提醒你做功課呢？你知道功課是一定要做的！不做功課就拿不到好成績。」這種老派的作法完全不顧這個男孩也是一個完整的人。

或者他們可以說：「馬可，怎麼了？你通常會自己把功課做好，不需要我們盯著你。你是不是在學校遇到什麼問題？是不是有誰欺負你？是不是哪裡出了問題？」

這些說法表達出他們關心的是孩子本身，但通常得到的反應是「沒什麼」、「沒事，只不過是無聊的家庭作業」，或是同樣模稜兩可的回答。首先，一個十一歲大的男孩很難在試圖回答具體問題的同時，又能夠表達內心的感受。其次，這對父母表達的方式傳達了一個訊息：「你成了我們的問題。我們比較喜歡快樂的你。」對馬可的自尊來說，這代表一種傷害：相較於進一步瞭解自己和自己的生活，他反而會覺得自己的感受是一個問題。此外，他沒有機會以個人語言表達他的感受，而這種表達方式有兩個作用：釋放他的感受，同時讓他有能力向父母表露他真實的自我，讓他們更瞭解他。

如果馬可的父母真的想「看見」兒子，他們只需要描述他們實際看到的情況，然後表達他們的關心。「我看得出來你現在課業有問題，馬可。你有沒有想過是什麼原因造成的呢？」馬可或許還是會回答「沒有」，但父母可以繼續問：「我很想聽聽你的說法，你需不需要有人教你做功課？」這麼說既沒有找出問題，也沒有解決問題，但這不是現在的重點。重要的是馬可覺得自己被看見，而且他的注意力被導向正確的方向：向內，向他自己。或許晚一點，或許要再過好幾天，他會找到話語來描述他究竟怎麼了。和大人一樣，小孩需要時間來思考和反省。

例證

週末到家裡拜訪的客人給了五歲大的蘇菲一大袋糖果。她開心極了，在公寓裡走來走去，不停大口吃著糖果。她爸媽現在面臨和馬可的父母相同的抉擇：他們應該「看見」蘇菲，還是教育她？

他們是不是該慈愛地看著她說：「妳喜歡一顆又一顆地吃下一大堆糖果，對吧，蘇菲？」還是他們應該說：「蘇菲！只能再拿一顆糖果，然後把袋子交給我，這樣才能留幾顆明天吃！」或者他們應該選擇比較像教學法的版本：「蘇菲……妳不覺得應該留幾顆糖明天吃嗎？」

後面兩種說法不只多餘，還會影響蘇菲的感官幸福，以及作為家庭一份子的體驗。

等時候到了，蘇菲自己自然會學到該吃幾顆糖。她父母說這些話是為了他們自己，不是蘇菲。說這番話讓他們覺得自己派得上用場，彷彿保住了他們在客人眼中的名譽，是一對很有責任感的父母。

上述例子只是要說我們為人父母只需要「看見」我們確實看到的情況就好。一旦我們自己的經歷、偏見、意識型態和自我中心，像過濾器一樣卡在我們的視網膜和聲帶之間，一旦我們的態度和觀念阻礙了我們的愛和開放的心胸，問題會變得更加難解。當小孩和青少年的行為因為挫折和痛苦而被扭曲時，這種情況特別容易發生。在這種時候，他們最需要的是讓自己被看見，而不是被批判。

對於我們不喜歡和／或不瞭解的行為，我們常常會說：「她只是在吸引別人的注意。」許多父母用類似的口吻說：「小孩恨不得大家都注意他們！」從字面意義來看，這句話說得沒錯，而且幸好孩子渴望得到的關注遠超過他們的實際需求。這種吸引注意力的行為其實是在表達一種想要被看見卻受挫的需求，不管多少的注意、讚美或批評都無法彌補。

認同和評價

我在前面說過，多年以前，教養小孩的目標主要是讓小孩聽話、適應環境、循規蹈矩。自尊很少被提及，而且只有當小孩功課出問題的時候，我們才會關心他們的自信心。沒必要多去在乎未來產業勞工的「自我」。

一九三〇年代，教育者和心理學家開始研究那些被認為缺乏自信的小孩，並斷定他們之所以缺乏自信是因為他們老是被父母糾正和批評。在我看來，這種診斷不正確，結論也不夠完整。那些小孩或許欠缺自信，但他們真正的問題是自尊低落。

但專家發現批評會摧毀小孩的自尊和自信，這一點的確不假。我早先提到，在某些情況下，讚美和批評對自信的發展很重要，但如果以為讚美有助於自尊感的發展，則是一種誤解。事實上，就自尊而言，讚美的摧毀力道可能不下於批評。這並不是說應該禁止父母讚美子女。我只是要強調，我們必須學習培養小孩的自尊，而且我們只要看見孩子在做什麼，就可以做到這一點。下面是一個例證。

例證

三歲半的賴瑞坐在廚房的餐桌前，等待下了班但還沒回到家的媽媽。爸爸建議賴瑞可以畫圖打發時間。一個小時過去，他畫了六張圖，媽媽也回來了。賴瑞跑到前門，遞上剛剛畫好的圖，說：「看，媽咪，這是畫給妳的！」他媽媽把圖拿過來看，然後說：「真棒，賴瑞，你真有畫圖的天分！」即便媽媽慈愛地讚美他畫的圖，賴瑞的感覺和前面那位小女孩凱薩琳一樣：他和媽媽是疏離的，他們之間沒有連結。從賴瑞的觀點來看，他拿著圖畫跑到媽媽面前，不是為了請她評價一番。他是送給媽媽一份禮物，因為他愛她，而且很想念她。如果媽媽回家時，他跟父親在看圖畫書，他也會請媽媽看看書裡的圖畫；如果他在看電視，大概也會說：「媽咪，快來看！」

重點是他把自己，他當下的存在，獻給他媽媽。但他自然流露的個人表達，得到的卻是一份評價。在這種情況下，不管正面或負面的評價都沒差。

如果賴瑞的媽媽知道如何培養兒子的自尊，她可能會表示收到他的禮物，同時說：「謝謝，賴瑞。我很高興你送我這張圖畫。」或是「謝謝你，賴瑞……我不曉得你為什麼送畫給我。可以告訴我嗎？」或是「嗨，寶貝，我也很想你！」事實上，她說什麼都可以，只要給他一個自然流露的個人反應就好。

當然，賴瑞的媽媽壓抑她的個人反應不是因為想騙兒子。相反的，她之所以這麼做，有部分是因為她學到，如果要當個慈愛的父母，要給孩子自信，就得這樣對他們說話。關於如何和孩子互動，她所知道的一切來自她的童年，在那個時代，小孩並非像大人一樣的存在。但如果她丈夫像她對賴瑞那樣跟她說話，最終會讓她覺得孤單寂寞，好像被施恩一樣。

至於賴瑞，媽媽說的話讓他有點不自在，但他愛媽媽，也覺得媽媽愛他，於是他就配合了！過了一陣子，他把圖畫或其他創作拿給她看時，再也不說：「看，媽咪，看我做了什麼給妳！」現在他已經學會遊戲規則，他會說：「看，是不是很棒？」或是，「媽，我很聰明吧？」他對生活的看法已經從「實際發生」變成「能夠做什麼」；從存在到作為，從實際發生到成就。

如果賴瑞的媽媽開口批評而不是讚美他的圖畫，那會怎麼樣？從這個角度想，或許比較容易瞭解我所描述的問題。要是她說：「賴瑞，你知道怎麼把房子畫得更好！」或是「那是什麼東西？你可以畫得更好看啊！」我們立刻就看得出來她的話有多傷人。

愉悅和痛苦是剎那間的情緒反應，但如果批評日復一日排山倒海而來，會對小孩的人格造成永久的影響。

用讚美或批評來愛孩子之所以危險，是因為這種作法對人格發展會造成長期的影響。著重於讚美和批評，會產生一種依賴、受外部控制的人格。在這種教養方式下長大的小孩，自尊低落、缺乏自我評價的能力、把精力浪費在努力讓別人喜歡自己（有時甚至持續一輩子）、努力讓父母以他們為榮，而且只要感覺到別人期待他們怎麼做，他們就會乖乖照辦。此外，在不斷追求肯定的過程中，他們會變得極度自我中心。

從大約一七〇〇年到一九五〇年，批評是大人手上最有力的權力工具。現在有些家庭依然如此；事實上，有些社會奉行的理論是，唯有不停告訴小孩他們錯得多離譜，小孩才會學好。在許多西方國家，二次大戰後風起雲湧的學前教育新方法拒絕使用批評，而是引進讚美這種控制機制。他們是這樣想的：如果不加以教育，大腦會以相反而非替代選項的方式去思考。

有些家庭傾向以外部價值去控制小孩，就像有些社會喜歡以外部手段去控制公民，但從心理健康的觀點來看，這是一種不幸的選擇。我把自尊視為一種存在的免疫機制：一旦發展成熟，我們會比較快樂，比較不容易受傷害，感情關係也會比較好，而且能夠享受比較優質的生活。

很多父母都瞭解這種當代作法的價值，然而他們擔心會失去在家庭內部的權力。此外，他們害怕自己沒有能力找到讓小孩健康發展的方法和規範。我稍後將會說明，為人父母者不需要有這種恐懼。父母唯一必須放棄的權力，是他們的自以為是和定義的力量，例如告訴小孩他們是誰和是什麼，而不是幫助小孩表達自我、從而界定自我。

在賴瑞和他母親的例子裡，我描述了一種形式的認同：自然流露的個人反應。接下來我要描述的另一種形式，是經過比較深思熟慮的個人反應。

給小孩一種價值感

依循傳統，我們在思考和行為上經常把大人和小孩的關係當作一條單行道，車流一律從我們這裡開往他們那裡。現代父母念茲在茲的也總是這個問題：他們給小孩的夠不夠——足夠的關注、愛、歸屬感、刺激、關懷和人生充滿無限可能的感覺。

這些都很好，只要我們記住，在很大的程度上，小孩的自尊也要看他們有沒有體驗到他們對我們的生活是有價值的。越是讓他們為我們付出，他們的自尊就越健康。生兒育女會帶來很多喜悅：孩子的笑容、愛、興趣、關懷和好奇心，總讓我們興奮不已。當他們把早餐送到我們床上、在學業或運動方面表現良好、結婚、給我們生孫子孫女、來探望我們，我們都會很高興，而我們一定要讓他們知道我們有多高興。不過談到兒女可以給父母什麼，這些都只是表面的例子。

說起小孩的天分，我想到的是所有孩子帶給父母的那種真正的存在的挑戰——他們是怎麼樣就怎麼樣。小孩迫使我們思考自己的行為模式；他們帶領我們超越痛苦的界限，讓我們思考自己究竟適不適合為人父母；他們暴露我們膚淺、好為人師的控制欲；他們堅持要我們表露自己；他們拒絕我們的良好建議和指導，讓我們很不高興；他們驕傲卻又實事求是地堅持做自己的權利；他們破壞性的作法迫使我們面對自己犯錯的事實。簡單地說，他們獨特的能力對我們產生如此重大的影響，如果不承認的話，無異於自我欺騙。

如同許多從小就沒什麼自尊的人，我經常搞不清楚「我到底是誰」。我時而謙卑時而自負。可想而知，我兒子從小到大最受不了我的自大。我們這種人很難認真看待自己，到頭來往往把我們的認真誇大到滑稽的地步。當然，這種行為模式對我們自己或其他人都沒有幫助。

我想起三段往事，當時我兒出於愛父之心，結果卻是毫不留情地讓我洩了氣。

他剛出生那兩年，我經常覺得不知道該拿他和我自己怎麼辦。這種不確定感，加上我這個人生性易怒，於是我偶爾會對他大呼小叫，藉此發洩挫折感。他當然招架不住，而且非常害怕，但我不知道該怎麼辦。

不過等到他滿兩歲，可以自己走來走去的時候，他制止了我完全不理性的行為。有一次我生氣到一半，他跑出房間。我當然緊追在後。我看到他站在樓梯上，準確地說是站在第四層階梯上。我們四目相對。他用手掩住耳朵，氣急敗壞地瞪著我說：「停！」在那一刻，我明白我應該為自己的無能負責，而不是把問題怪在他頭上。

快轉十年。十二歲大的他對蛇和爬蟲類動物有濃厚的興趣。有一天他放學回家時眉開眼笑，告訴我說他一個朋友的爸爸要送一條小蟒蛇給他。「我真的很想要，」他說：「可以嗎？」

因為他知道他媽小時候養過爬蟲類當寵物，而我對蛇有恐懼感，因此他只需要過我這一關。我很難答應，更難一口拒絕，所以我要他讓我考慮一段時間。我說等我上完週末一門課回家後，就給他回覆。

星期天我下課回家吃午飯，發現兒子在車庫裡敲敲打打。「你在做什麼東西？」我問。

「飼養箱！」他回答。

「養什麼？」我問。

「當然是養蛇啊！」他回答。

不管是不是神經緊張，我覺得有必要展現一點做父親的堅定立場：

「但這件事我們還沒討論好！」

「我知道。我想等你決定好了，就會把你的決定告訴我。」

多麼體貼又充滿愛的一句話，他又給我上了一堂對等尊嚴的課。因為我兒子知道自己要什麼，他覺得可以放心追求他的目標；同時他也完全相信我會弄清楚自己的意願，然後把我的決定告訴他。

最近的一次經驗則發生在他離家後六個月。我太太和我計畫辦一場大型花園派對宴請親友，我問兒子要不要回來幫忙端菜。（在此我必須補充說明，我是個脾氣暴躁的廚師，而且很容易大發雷霆，尤其是在準備大型或重要宴席的時候。）「我要考慮一下，」他說。兩天後，他打電話來說：「好，我樂意幫忙。我要什麼時候到？」

派對一開始非常順利。我兒子把餐桌擺得很漂亮，在我旁邊給他自己留了個位子，而且為大家服務了前兩道菜。等我終於小歇片刻和大夥兒一起吃喝的時候，他坐到我旁邊。我大可以感謝他的陪伴和一切的辛勞。結果我反而是看了看餐桌說：「盤子該換了，快去！」他呆住了。猶豫片刻之後，他看著我，和當年站在樓梯上的他一模一樣，然後說：「我有什麼好處？」

我起初的反應是，「什麼意思，酬勞？幫爸媽的忙不能指望賺錢。想想我們給了你……」我的下一個念頭則是把他的行為視為「時代的象徵」（不管什麼都可以這樣解釋），我心想，「實在太過分了，這些年輕人以為他們可以用平等的地位和我們說話！」最後，在妄自尊大又自以為是的心態下，我感到憤怒，「他應該知道我有多重視這場派對！」算我倆（和我們的關係）運氣好，我沒把這些想法說出來。

這一次足足過了二十四個小時，我才發現自己實在有夠蠢。領悟到這一點，多年來我第一次覺得羞愧。是我開口請他幫忙，而他很有義氣地拔刀相助。在我被巨大的自我中心蒙蔽的那一刻，竟然把他當雇員一樣使喚。難怪他會跟我要酬勞！

跟兒女在一起，每天都會收到幾百個這種智慧金塊。請盡快（最好是當場，如果不行的話，過幾個小時、甚或十年也無妨）透過口頭回應和行為改變來認同他們，這一點對孩子和我們自己的自尊很重要。

寄養家庭或小孩有肢體或精神障礙的家庭，必須特別注意自尊的雙重來源：被看見和感覺被重視。有特殊需求的小孩覺得自己是父母的「負擔」或「功課」，這一點很容易阻礙他們自尊的發展。這個現象背後有好幾個原因。

身障的小孩在知識或肢體上的發展有一定的極限，他們依賴父母的幫助。不管是殘障、年老、身體虛弱、難民或是領救濟金度日的人，開口請別人幫忙都會讓一個人的自尊受挫。

身障的小孩也很可能不被「看見」，而只被人盯著看。此外，因為他們的能力有限，往往很難覺得自己對父母有價值。

因此如果家裡有殘障的小孩，父母對小孩自然流露的反應必須誠實而個人，即使當他們覺得生氣、沮喪或筋疲力盡。這些父母也必須重視小孩的存在，而不只是他們的成就。許多父母擔心會傷害小孩而不願意這麼做，反而把他們自己和小孩的注意力轉移到小孩能做到的事情上。這對小孩的自信是好的，也能降低小孩在肢體上的依賴性，但無法培養小孩的自尊。事實上，能夠培養小孩自尊感的行為和反應，多半與孩子的年齡和身體障礙無關。

嬰兒當然不會因為自己依賴別人而覺得沒尊嚴；他們理所當然地接受愛、照顧和食物。但稍為大一點的小孩，還有因為收養或寄養而不能每天和親生父母接觸的小孩，不會再認為這些關懷是理所當然的。他們非常清楚是別人在做他們親生父母的事，而且很快就會感到自己是在接受別人的恩惠。

處於這種情境的小孩，大多沒辦法用言語表達感激之情，除非有一天他們自己成了大人。小孩和青少年的感受經常會以挑釁、沉默或過度的順從和合作來呈現。這一類的行為可以提醒父母，孩子太過執著於付出，必須放輕鬆，開始接受。

「隱形」的小孩

有些孩子從小在家裡就是「隱形」的，意思是他們是誰以及他們的感受從來沒有被「看見」。這種情況可能發生於整個童年和青少年時期，也可能只發生在特定的時期，例如青春期。

我之前提過艾莉西亞，我是因為她父母要求諮商才認識她的。當時她十三歲，體重超重，而且吃過各種不同的減肥餐。她父母為了她的體重問題前來求助。

當她脫口說出：「你們都只看到我身上的肉！」這才提醒了她父母，被愛我們的人「看見」有多麼重要。艾莉西亞的運氣好，她屬於那種有健康的戰鬥意志、也有能力自我表達的青少年。很多和她年齡相仿的青少年做不出如此激烈而準確的抗議。他們會被動而羞怯地坐在椅子上，讓大人討論他們的症狀。

像艾莉西亞這類的小孩（和大人），他們沒有被「看見」，只是被盯著看。以她的情況而言，她被盯著看是因為體重過重，但如果她體重過輕、殘障、美麗動人，或因為其他原因而顯眼，一樣會被人盯著看。

碰到這種情況，大人經常犯了兩種錯誤。有時我們因為注重「表面」（我們正是擔心其他小孩會這樣）而覺得有罪惡感。我們擔心過重的女兒會被譏笑，因而影響她的自信，於是我們投注愛和精力幫助她減重，卻因而造成了我們極力不想讓她遭遇的那種情況！在不經意間，我們不斷的關注讓她覺得如同嘲諷或譏笑。

我們經常犯的另外一種錯誤，是回到過度簡化的心理干預和強調潛在問題的解釋。這是情由可原的，因為邏輯會騙人。這裡就有一個例子。我們可能斷定體重過重的男孩是因為經歷某種不愉快而不由自主地吃東西，而要是我們能發現他不愉快的源頭，他就不會飲食過量了。

然而，人生很少這麼簡單。人們拚命吃或餓肚子的原因很多，其中包括他們自己沒辦法解決的問題。在大多數的個案中，最大的痛苦來自於他們不覺得自己被「看見」。早在他們開始出現有形的症狀之前，這種痛苦就已經存在了。

與其治療這些症狀，並且／或者變成一個解決問題的偵探，我建議應該採用一種比較吃力卻有益的新思考方式。小孩的自毀式行為只代表他們的一部分，他們的另外一部分是健康而活潑的。意思是他們也會不可理喻、脾氣暴躁、活力充沛、生氣、不高興、幼稚、令人生氣、要求太多和熱情主動。但他們已經慢慢和他們健康而原始的自我疏離。一開始是他們覺得自己健康的部分在家裡不受歡迎，最後情況惡化到大人再也無法視而不見。個人健康的一面和不健康的一面產生衝突，而健康的一面被打敗了。

我們的任務很清楚：幫助他們恢復健康而活潑的部分，邀請他們再度回到他們長期以來覺得自己不受歡迎的家庭的懷抱。唯有如此，才能持續鼓勵孩子的自尊。

另一方面，如果我們試圖以所謂的刺激、強迫或批評，對抗他們不健康的部分，結果只會限制不健康的自我所建立的力量。把不健康的部分推回去，卻無法鼓勵健康的部分站出來。我們的努力一開始可能看似成功，但這種成功是用很高的代價換來的，因為有自毀式行為的人只會因此知道他們具有自毀傾向，卻不認識自己任何健康的部分。

換句話說，小孩產生的訊號往往會被大人誤解為吸引注意力的策略，然後他們會留意這些訊號。不過小孩要求的其實是讓他們真正的自我和內心的感覺被「看見」；這是一個他們無法以直接、個人的語言表達的渴望。

小孩為什麼會變成「隱形」

小孩在家裡變成「隱形」有很多不同的原因。有的父母，例如那些認為小孩應該學習「循規蹈矩」，以及不認為小孩學習「做自己」有什麼重要的父母，積極以某種方式來塑造他們的孩子。而比較有彈性的現代家庭也有同樣的問題，這些家庭要求「合理」和「正常」，小孩很快就學會疏離自己比較不合理和不理性的一面。

在父母的婚姻問題重重又戲劇性的家庭，小孩認定家裡容不下他們，於是變成了隱形人。另外如果一個小孩和哥哥姊姊截然不同，而這種不同被當成一個問題，他們也會隱形起來。要是家裡有殘障的兄弟姊妹，或是扶養孩子的單親家長覺得自己背著千金重擔，不少小孩也會覺得自己是隱形人。

兒童和青少年如果從小就被分配到特定的角色（「爸爸的小公主」、「聰明或隨和的小孩」、「麻煩」、「內向的人」或「家裡的小丑」），也會變成家裡的隱形人。

例證

十四歲的麗莎和媽媽、繼父及兩個妹妹同住。她是個漂亮、聰明的女孩，學業表現優秀。她沒有親密的朋友，而且從來沒交過什麼好朋友，這一點讓她很遺憾，但也沒有特別不開心。

這家人是因為麗莎才前來諮商的。在這個嘰嘰喳喳的家庭裡，她被視為「古怪」和「特殊」的。她的沉默讓其他人很氣餒。她幾乎從不主動開口說話，如果問她問題，她也只以單字回答。

最近麗莎問爸媽她能不能搬出去，「到寄宿學校之類的地方住」。她爸媽不反對，不過他們問麗莎為什麼想搬走。這時候他們碰到了麗莎長久以來的障礙：她沒辦法回答這種個人的問題。

這個問題已經存在多年。每次麗莎的父母問她問題，例如：「妳有沒有哪裡不滿意？」麗莎會仔細思考，設法找出適當的字眼，用父母可以理解的方式表達她的感受。不過在她想到該怎麼說以前，她父母常常就失去了耐性，接著問她：「妳覺得我們對妳的要求太多嗎？妳在學校是不是有什麼問題？麗莎，有沒有什麼事情讓妳覺得特別不愉快呢？」

麗莎意識到他們的焦急和無助，對自己難以用話語表達自我感到羞愧。為了不想繼續成為家人關注的焦點，她回答說：「沒有！」可想而知，她的父母滿腔熱情，聽到這個答案自然更加洩氣。麗莎當然也不喜歡這種情況。如同其他陷入這個處境的小孩和青少年，她老早就斷定既然她親愛的父母很完美，問題一定出在她自己身上。

過了一段時間，麗莎想到了該怎麼回答父母的問題。她說：「我想如果我搬出去住，或許比較能夠找到我自己。」一個極具洞察力又真誠的答案。實際上，麗莎幾乎從小到大都是家裡的「隱形人」。然而，由於她父母一直用其他方式關心她，她的完整人格沒有真正受損，她也一直能夠保持「自我」的完整。真正的麗莎和她想要被「看見」的渴望，都存在她內心的某個地方。她已經不奢望父母會「看見」她，因此她現在希望離家之後能夠「找到自己」。

麗莎很難以個人方式來表達自我，這一點和她的「隱形」密切相關。如果有人請她說話，要是對方有耐性，她的話會比平常多一些，只不過帶著強烈的猶豫和不確定。從小到大，她的行為和心情一直受到錯誤的解讀。她深信自己就是父母眼中的那個人，而不是她內心體驗到的自己。日復一日，麗莎自然越來越不願意讓她（不對的）內在的「自我」被聽見。

然而，痛苦的不只是麗莎一個人。她母親總是因為母女之間的冷淡和疏離而感到內疚，而她的繼父也因為麗莎總是拒絕他的善意和關心而感到沮喪。麗莎的計畫很實際：她知道要成功建立自己和家庭之間的連結，唯一的辦法是用她自己的方式找到自己。她必須練習如何在對她沒有既定認知的人面前表達自我。

麗莎運氣好，她才十幾歲就能為自己找到解決辦法。很多像她這樣的人，直到長大成人才瞭解自己的情況。有的小孩很小就放棄了被看見的希望，因此把自己隔絕於父母之外，為自己負起存在的責任。我們會在第五章討論到這樣的人。

從隱形到顯形

當父母發覺他們有一個「隱形」的小孩，一個不管基於什麼原因無法被「看見」的小孩，這時該怎麼辦？他們如何重建家庭結構，納入這個在情感上遭到排除的小孩？

首先，原諒自己和對方！我指的是「原諒」這個字眼老派的正面意義，也就是給自己時間來面對我們的可責性和責任，而不是現在常見的那種快速、打折式的原諒，叫小孩忘掉過去重新開始。在這種情況下，家長必須學習新的課題：瞭解他們的小孩、他們的家庭和他們自己。

這是個費時的過程，但如果小孩要能夠發展出健康的自尊，這個過程非常重要。倘若家長被罪惡感給支配或壓抑了，小孩會把這當作一種訊號，並且錯誤詮釋為：「我父母認為他們是差勁的父母。這一定表示他們對這樣的我不滿意。否則他們不會有罪惡感。」當小孩感覺到父母的罪惡感，他們的自尊會進一步降低，而父母所有建設性的作法往往會徒勞無功。

家庭也應該堅持他們的傳統。舉個例子，如果一家人向來聚在一起做很多事，他們就應該維持這個傳統；如果家庭成員比較獨立，這個傳統也應該持續下去。父母如果想藉由重新將隱形的孩子納入家庭的機會，改變家裡的互動，應該是要基於**他們**對現狀不滿，而不僅僅是「為了孩子的緣故」。

對父母而言，更艱難的挑戰是想像他們現在和一個根本不認識的小孩住在一起，這個孩子對現實的體驗方式和其他人不一樣，而且在許多方面一點都不像他們過去五年、十年或十五年「認識」的那個孩子。父母必須放下從前對這個孩子的看法，盡可能以開放而具有彈性的方式來認識他。在這個過程中，父母不能抱著犧牲的精神，但在作法上要讓孩子知道父母準備修正他們的界限，以新的方式把他納入他們的生活。

記住，孩子心底最深處的自我已經隱藏了很久，現在他會覺得自己毫無遮蔽，很容易受傷害。同樣的，「顯形」的過程也需要時間。可能要經過許多年，孩子才會發展出足夠的自尊，對他人也有足夠的信任，敢於把自己內心最深處的想法和感受表達出來。

這不表示父母必須臨淵履薄、小心翼翼，但父母們應該避免批評、譴責和所謂正義之聲。壓抑這三種言論，對整個家庭都有好處。

暴力就是暴力，就是暴力！

完整人格和自尊有關。父母把孩子的完整人格照顧得越成功，孩子越有可能發展出健康的自尊。前面提過，暴力會傷害小孩的完整人格，因此也會傷害他們的自尊。

立法禁止對小孩施予嚴重的肢體暴力，不表示其他形式的暴力就是無害的：我們只是決定不把這些暴力表現方式列入非法行為。

長久以來，我們製造出許多肢體暴力的同義詞。在丹麥，我們會說父母有「體罰」的權利，像是「呼巴掌」或「打耳光」。美國的父母會說「管教」和「打屁股」。簡單地說，大多數的文化都有自己用來正當化這種現象的說詞。但沒有任何一種委婉的說法能掩蓋事實：暴力就是暴力，而且暴力會摧毀受害者和加害者的自尊和尊嚴。

在我的經驗裡，對小孩使用暴力的家長可以分成三大類。第一類把暴力當作一種方法或意識型態。這些家長會說：「嗯，如果是小孩該打，我想打一下屁股不會對他們有什麼傷害。」進一步追問的話，他們通常會承認自己在為人父母之前不會這麼想，後來之所以會改變想法，表示他們是不得不然。

那些把使用暴力當成一種意識型態，而且相信要負責任地教養小孩，就必須使用暴力的父母，往往來自受宗教或極權意識主宰的環境或社會。在這種社會裡，一般人的生活和生活品質是次要的，因此即使暴力對個人具有毀滅性，他們也不當一回事。

第二類的父母之所以使用暴力，純粹是因為他們想控制小孩。他們的目標是控制和主宰，他們認為服從比親密更重要，不然就是把兩者混為一談。

第三類是那種偶爾會打小孩，但每次都覺得很不好受的父母。

然而，不管家長的態度是什麼，對小孩施暴和對大人施暴的結果都一樣：短期會帶來焦慮、不信任和罪惡感；長期來說會導致自尊低落、憤怒和暴力。對暴力的反應和小孩被打的頻率未必成正比。我遇過有人在童年和青少年的過程中，只遭遇過父母一次暴力對待，此後再也不曾復原。我也遇過有人經常挨打，卻幾乎沒留下任何後遺症。暴力行為造成的結果有多嚴重，取決於父母是否為暴力的發生負起責任，或是怪罪在小孩頭上，以及暴力是可預期（如果我這麼做，可能會挨打）或不可預期的。

假設一個年輕的母親帶著十八個月大的兒子和一名女性友人上街。她抱起兒子，過了一會兒卻一臉厭惡地放下他，接著在他後腦杓用力一拍，然後拽著他的手臂把他拖回家。她的女性友人既驚訝又詫異，問她為什麼要打兒子。

這位母親冷靜地回答：「我半小時前才給他換過尿布，現在他又尿濕了。不能讓他這樣整我，現在就該讓他學到教訓。」

「可是他還不到兩歲，」她的友人抗議。「妳不能期待他可以告訴妳他什麼時候要尿尿。」

但是這個母親只是重複她剛才說的話。

這種暴力的表現不只殘酷，也是毀滅性最大的，因為這是把暴力的責任推到孩子身上：「我打你是你自己不好！」

在這個母親所處的文化裡，人們經常使用暴力，並且普遍認為這是教養小孩很自然的方法。儘管暴力是文化的一部分，卻不會因此把暴力去個人化。這個孩子每一次挨打，都把暴力當作一種非常個人的訊息，告訴他說他犯了錯，而且沒有半點價值。

男孩挨了打，自然哭得非常悽慘。因為受到驚嚇和肢體疼痛，他最初的哭聲既響亮又恐慌。後來當他逐漸習慣了，他的哭聲小了，但情感上更加痛苦。儘管他的情緒反應激烈，卻還不會危及他的自尊。這種情況一開始不會太嚴重，但若持續到他兩、三歲，他將學會停止表達自己的感受。

聽到兒子哭，母親的反應像是不得不處理他的問題：她批評、譴責、威脅他。男孩只能認定他的排泄物就和他的悲痛一樣，是不對的，而且對他母親是一種侮辱。

這個男孩將來會怎麼樣？這種形式的暴力極可能會固定發生，一星期出現好幾次，直到男孩大概十歲或十一歲左右。在他所處的文化裡，他也必須服膺一種看似和暴力相反的行為：被父母驕傲地展示給別人看，他會得到讚美和寵愛，親吻和擁抱。由於他的自尊已經被暴力擊垮，因此他會感激這些讚美和盲目的崇拜，然後永遠尊敬和愛他的母親。他會成為一個堅定而迷人的年輕人，在其他人面前自信得不得了。等將來當了丈夫和爸爸，他大概會做出自己在成長期間經歷過的暴力行為。

他童年時遭受的暴力極可能產生下面的結果：

一、在情緒上，他會壓抑焦慮、痛苦和羞辱，不讓這些記憶進入他的意識，而且他記憶中的童年是快樂的。

二、在心理上，他會認定如果是小孩的錯，使用暴力是一種合理的教養方式。

三、就存在和人格而言，他會自尊低落，對他人的界限比較不敏感。他會出現某種自毀的行為。

四、在肢體方面，他可能會為背、胃部和胸腔的問題所苦，同樣的，他在跟自己最親密的人相處時，會下意識地有所保留。他對人缺乏信任會反映在他生理的緊張上。

這些典型的暴力後果還有幾個背景因素：男孩的父母有很好的社會地位；他們的情緒相當穩定，而且沒有濫用藥物的問題；他們的婚姻並未受到肢體和心理暴力影響；男孩在學校的成績中等或中上。如果少了一個或多個這些因素，男孩低落的自尊會在更小的時候顯現出來。他可能會出現學習困難、行為問題、參與犯罪、加入幫派、濫用藥物或酗酒、企圖自殺，因為他的父母透過暴力行為，教導他不需要尊重自己和別人生理或心理的完整。他的父母雖然對他暴力相向，卻會定期上教堂，宣揚世人應該友愛鄰居，而這只會進一步侵蝕他的自尊。

至於那些反對使用暴力，但偶爾會不顧一切、忘了自己是誰的父母呢？他們能採取行動，避免孩子因為偶爾挨揍或被打屁股而受傷害嗎？

答案是可以的！父母可以減緩一個巴掌的影響，只要他們：

- 讓自己冷靜下來；
- 承擔責任，無論情緒上或言語上；

・給孩子一個機會獨自面對自己的反應；

・對孩子說：「我很抱歉剛才打了你。我以為這件事是你的錯。但不是，是我的錯，我要跟你道歉。」重建彼此的連結。

好好想想上面這句話。如果你現在三十幾歲，你可能會覺得這麼說有點過頭了。你或許會想，「當然，該負責的是我。我是大人，我應該有能力想清楚。但我們也必須想想，為什麼會發生這種情況。」

這樣的思考方式並不奇怪。這是一個來自不太遙遠的過去的回聲，那時候親子之間的任何衝突都自動被怪到小孩頭上。即使到了今天，許多父母仍然贊同這個觀點，他們的反應不外乎以下兩種。

在比較情緒化的版本裡，家長會說：「過來，親愛的，到媽咪這裡來。媽咪很抱歉剛才打了你。不應該發生這種事的。過來，親愛的，媽咪幫你擦擦鼻涕，我們就當沒發生過，好嗎？我以後再也不會這樣了，我保證。」

這話聽起來很窩心，但要注意，這位家長並沒有為她的行為負責。她只是說：「不應該發生這種事的。」她並沒有卸下孩子的罪責。其次，她給孩子又加了另一個責任，因為她要求孩子的原諒。最後她做了一個她大概沒辦法遵守的承諾，原因是她缺乏自覺。

而另一個比較教學式的反應就像這樣：「我很抱歉打了你。你一定要原諒我。我不知道我剛才怎麼了。但難道你看不出來你剛才的行為有多不可理喻嗎？來，我們到廚房去。以後不會再發生這種事了，對吧？」

這個版本試圖公平地分擔責任，把罪惡感植入雙方心中。這是一個十分普遍的人類現象：每當我們不能或不願意為自己承擔責任時，除了失望，我們也會把負擔加諸身邊的人以及彼此的關係。所以我說暴力事件的雙方都會因為暴力受到傷害。這個原則不僅適用在父母和小孩身上，也可以套用在各種人際關係上。

施暴者會經歷以下這些情況：

- 他們總是覺得自己做錯了事。為了生存下去，他們只得不理會自己的感受，從而降低了他們的感應力和人性的尊嚴。他們的人性尊嚴大概在多年前遭受暴力時就已經被斲傷，但每次他們做出暴力行為，情況會繼續惡化。作為一個人，他們的發展不免受限或是停滯。他們的情感生活也會變得很脆弱。

．就心理而言，他們可能會出現兩種反應：採取一種把暴力正當化的觀點，以免他們的行為和態度產生衝突。或者就像前面提過的，他們要不怪罪對方，要不就是在內心創造出一個他們無法觸及或控制的「存在」，藉此把責任撇得一乾二淨。

．就存在而言，他們必然會鄙視自己的生命，如同他們鄙視其他人的生命。他們可能會過度關注自己的身體健康、社交生活和物質幸福，以彌補這種生存狀態。但在表面的自尊心底下，是擋不住的自我毀滅傾向。

對那些使用暴力是例外而非常態的人，我所描述的後果也會在他們身上出現，但或許只影響他們一部分的存在。也或許他們永遠不會觸及自己的這個部分。但這些後果不是抽象的，而是百分之百的真實，而且和暴力的程度成正比。

在小孩和大人的關係中，大人永遠要為暴力的發生負責。這不只適用於大人使用暴力的案例，也適用於小孩或青少年對父母、兄弟姊妹和陌生人，以及近親或他人施加暴力的案例。

近年來，全球各地的政客們紛紛站出來譴責小孩和青少年的暴力行為。在憤怒的家長支持下，他們要求給予孩子更嚴厲的懲罰。這種策略已非荒謬所能形容，可笑的程度就和建議我們用大富翁的鈔票來清償國家赤字沒兩樣。

多少是因為社會自由化，以及小孩和青少年的自覺越來越強的關係，有太多太多的人以公開和毀滅性的方式來表達他們的痛苦。大人至今仍以教育之名對小孩施加肢體和心理的暴力，如果我們不為這種大規模的暴力負起責任，這種發展只會持續下去。

臨床醫師和精神科學家一致認為：肢體和情緒的暴力除了降低小孩的認知能力，也會降低他們的情緒和社會能力。他們也許會變得安靜又好應付，但在許多方面會犧牲他們生活的品質。

大人的自尊

許多家長問到，在他們自己飽受自尊低落之苦時，是否還有可能去支持小孩健康的自尊。答案是可能的，只要父母做好準備，積極且有意識地努力發展他們自己的自尊。

事實上，我們的自尊是透過生活發展出來的，隨著時間過去，我們越來越瞭解自己；也就是說，我們的自尊會增加，但質量未必會改變。我們可能對自己的瞭解更多了，但未必會以不同的方式看待自己。要改善自尊的品質，我們必須有意識地努力，即便我們的自我感知一開始充滿了不確定、自我批評和悲觀。

要是不這樣刻意為之，長久不變的低落自尊會成為我們社會的一部分，或者更準確地說，應該是「社會心理」的一部分。如果父母所處的社會環境，長期下來導致他們的自尊退化，或逐漸侵蝕他們為了彌補自尊不足而辛苦建立的自信，也可能造成同樣的情況。失業、離鄉背井、失去地位象徵，以及生理或心理的失能，諸如此類的情況會使人們覺得自己對身邊的人喪失價值，或根本沒有價值。

我在前面說過，父母在家庭結構裡所能做出的最大貢獻，是察覺到小孩對他們的反抗，以及這種反抗對他們的影響。對許多父母而言，這表示他們必須揚棄傳統，並且拒絕其他家人好意的批評。

我們的文化有個錯覺，認為「到了十八或二十一歲，或最晚最晚到了為人父母時，就是大人了」。大多數的人都知道，事實並非如此。很多人一直到死都沒辦法變成大人。這不表示我們的行為一直很幼稚，而是說我們的行為往往很不成熟，特別是對身邊最親近的人。

只要不會對孩子造成任何傷害，不成熟也沒什麼不自然或不對。即使父母本身在生兒育女之前沒有良好的自尊感，也能教養出充滿自尊感的小孩。但這些父母確實必須和小孩一起發展自尊。自尊是個人完整的一部分。

小孩每天都在挑戰我們的信仰、界限、價值觀和情緒，他們是父母成熟過程中的最佳夥伴。只要能找到對這些挑戰誠實又可靠的反應，我們就會成長。

記住，不管受到什麼樣的對待，小孩對父母的愛是無條件的。小孩的自尊發展之所以重要，無關乎他們如何看待父母，而是關係到他們多麼喜歡自己。

第四章

責任、負責任，以及權力

孩子會主動參與他的自尊和自我責任感的發展過程。
等他長大成人，有能力建立自己的家庭時，
他會知道當他的需求和其他人認定的不同時，不表示他有錯。
表達需求和犯錯是可以被接受的。

父母與專家在討論應該如何養育小孩時，總是把定義責任範圍和描述負責任的行為，視為主要的概念性任務。「責任」和「負責任的行為」這兩個用語比前面討論過的概念（自信、自我價值和自尊）直接明瞭，也被使用於許多脈絡下。

我建議區分「社會責任」和「個人（存在的）責任」。兩者不相同，也各有其重要性，如果我們想要創造出以對等尊嚴相待、增進完整人格和自尊、相處融洽的家庭關係，這兩種責任缺一不可。根據我的經驗，我們難以和兒童及青少年打交道，正是因為我們拙於區分這兩種概念。

定義釐清

社會責任（我將在第五章探討）是我們對彼此（家庭、社群、社會和世界的成員）的責任，可以讓比較大的群體（團體和社會）發揮其功能。我們是從父母和老師身上學習到什麼叫社會責任。

個人責任是我們對自己的人生，對我們的生理、心理、精神和心靈的健康與發展，所要負的責任。雖然很少有人從小就懂得承擔這個責任，但這種責任深有力量。當我們

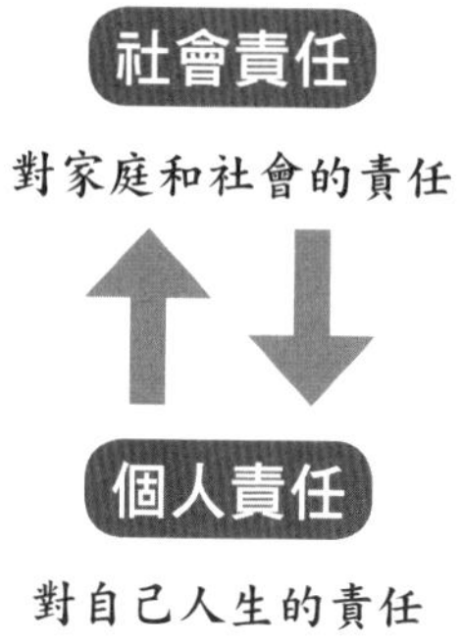

對自己負責，就可以對抗困境，促進所屬群體的幸福。

傳統的教養與教育理論都強調社會責任。不過我們後來發現（或者應該說重新發現）社會責任和個人責任密切相關：

社會責任是由社會所建構出來的，而個人責任則來自個人的存在，個人和社會的關係錯綜複雜，因此兩者的重要性相當。

若孩子從小就意識到他們的社會責任，長大後往往會具有社會責任感。事實上，許多小孩變成我所謂的過度負責（over-responsible）。不幸的是，這些社會責任感過度發展的人，常常欠缺了個人責任感。另一方面，如果孩子從小就發展出個人的責任感，在這個過程中他們多半也會發展出高度的社會責任感。這個現象完全推翻了教養小孩的基礎信仰：為了更大的社群著想，必須壓抑小孩「自我中心的本質」。**這個現象也推翻了有些**

人的信念：必須犧牲個人的完整性才能對社群產生價值。

根據我們對個人責任與社會責任的新理解，為了讓小孩長大後成為懂事又體貼的大人，和他們共同生活的成人顯然必須：

- 捍衛孩子的完整人格；
- 意識到小孩過度配合時，要出手干預。

這麼做，大人們可以確保孩子發展出健康的自尊和高度的自我責任感，也有益於他們所選擇歸屬的任何團體，以及整個社會。

二十到四十歲的成人間，我估計每一百個人裡面大概有十到十五個人，大多數時候能夠為自己的人生負責。小孩與大人之間的衝突，以及大人彼此之間的衝突，會以毀滅性的方式發展，絕大多數正是因為他們沒有能力或沒有意願為自己負責。他們寧願把精力用來互相怪罪。在工業化國家，過去數十年來的生活水準相對提高，卻阻礙了我們思考生命存在的種種問題。只有面對死亡時能喚起這樣的思考。可想而知，嚴重或致命的疾病是促成改變最大的動力，讓我們反思何謂好的教養方式。面對死亡的時候，許多人會在一瞬間改變人生的優先選項。我們會從受外部控制轉而向內思考。

什麼是外部控制？想想上一個世代的人在教養子女時奉行的價值觀，就會發現這些價值觀是奠基於一個外部的理想：「記得要聽話守規矩，這樣人家才會說你有家教。」要讓父母有面子！

依照我們那個時代的小孩跟爸媽外出時得到的指令，我們不應該忠於自己，反而必須「守規矩」，像個照本宣科的演員。遵照專家指示，我們像演員似的學會背誦「正確」的台詞。我們是什麼人，我們對自己有什麼感覺，一點都不重要，連討論都不用討論。我們收到聖誕節禮物的時候要用禮貌的語氣說「謝謝」，以掩飾任何的失望或不高興。直到小孩學會隱藏自己，和自己疏離，家長才總算鬆了一口氣，因為他們已經把小孩教好了。

「教養小孩的目的是讓他們服從外部的理想」，這種核心信仰由來已久，始於好幾個世代以前，當時小孩被當成一種社會必需品；他們是勞動力的一員，當父母退休或生病時，要負責供養父母。後來小孩成了父母親的道德、企圖心和社會地位的展現。到了一九五〇年代，我們逐漸承認小孩是人，應該得到尊嚴的對待，也有權利追求個人的成長和發展。而直到今天，我們依然努力在適應這個觀念：小孩不但獨立於我們之外，而且他們的存在本身是有價值的；也就是說，小孩有他們的獨特性和價值，只因為他們存在。

簡言之，小孩的地位在短短一百多年間幡然改變。這是一種價值觀的改變，從強調外部、社會的價值，轉而強調那些比較內在、關於存在的價值。例如，五十年前，父親如果因為兒子拒絕繼承家業而和他斷絕關係，會得到社會的認同。但現在我們看到許多家長正朝反方向努力，父母小心翼翼生怕破壞了小孩自我發展和自主的權利，以至於孩子其實是在沒有父母的真空狀態下長大。在不同的文化下，基於不同的理由，有些人把自我發展和自我擴張（ego expansion）混為一談。

個人與社會的對立是個人的人格完整與合作精神之間持續的衝突。這種衝突是無解的。我們只能尋求現階段看似令人滿意的相對平衡。

近年來許多人對於個人主義日漸高漲感到憂慮。我知道許多父母也有同樣的憂慮，即便是那些想給孩子比自己當年更多機會發展的父母，他們非常願意付出很高的個人代價去支持孩子的發展。但他們的憂慮是很容易理解的。來自地球村的新聞充斥著暴力，潮流快速變化。父母也擔心離婚率、強暴和自殺的統計數字，以及學童攜帶武器的現象。（從某種觀點看來，「虛擬實境」的出現是天上掉下來的禮物。）

可想而知，許多人會問：「那麼多自由」對小孩究竟好不好？但這些人是把個人責任和個人放縱（personal license）混為一談。事實上，個人責任或存在責任（我認為這是與其他人健康互動的基本要件）和上面提到的憂慮無關。

探討哪些因素對健康的個人發展最有益時，我不認為採取尊嚴對待的新觀點會造成任何衝突。如果說以平等尊嚴為基礎的親子關係會造成問題，實在令人難以想像。我們當前的問題應該是不負責任、貪婪和自以為是的結果。

第一步最困難

父母如果想讓孩子的人生有一個比較穩定的起點，就必須大膽嘗試。至於嘗試到什麼程度，則受到許多個人經驗與文化偏見所影響。不同的國家和國家內不同的地區都會有所差異。透過衛星電視、網際網路和電影，也許能快速而有效地散佈新知識和新觀念，但各個落點的背景卻大不相同。

在前蘇聯國家，民眾過去受到極權的宰制，個人與個人責任的概念幾乎不存在。半個多世紀以來，他們已經習慣一個觀念：個人完全不重要，個人進取的行動是對抗國家的一種政治犯罪。對他們大多數的人來說，「個人可以為自己的生活品質負責」這個觀念是個抽象的想法。極權國家的生活經驗類似丹麥小孩在一兩個世代以前所遭遇的情況。兩者都會聽到這樣的評語：「說什麼也沒用！」「我還能怎麼辦？一點辦法也沒有！」「你怎麼能把小孩的話當真？」

另一個極端是整天強調個人進取精神的美國。不過美國家庭（在多元文化的社會裡，如果可以把美國家庭一概而論的話）也充滿了矛盾。一方面，許多家庭努力維持某些古老的家庭價值觀和信念；另一方面，他們把個人特質定義為孤獨，而且他們認為要求情感及個人承諾會限制個人的自由。

歐洲則介於這兩個極端之間，各國文化也有所不同。在北歐地區，家父長制的家庭結構早已徹底轉型，而南歐才開始醞釀相同的發展，儘管天主教會仍極力維持男性霸權，要求女性和子女的服從。（從家庭治療師的觀點看來，南歐家父長制的家庭結構往往只是一種社會與經濟的事實。在心理與個人存在上，表面上由男性主宰的家庭，骨子裡常常是女性家長制。）

價值觀的千變萬化與起起落落，讓現代家長有了許多（基本上是個人的）他們的上一代根本無從想像的選擇。然而，如果我們無法對「應該」怎麼做達成共識，又怎麼可能在日常生活中做出大大小小的決定？我們應該尋找新的權威，還是相信自己的本能和經驗？我們應該相信這個世界顯然欠缺的人道主義價值觀，還是應該一心追求自己在物質上的幸福？

這些都是困難的抉擇，困難到許多家長只能隨波逐流。但是問題就明擺在眼前。我們教養小孩，究竟是要他們學會仰賴堅固的內在權威，做出自己的社會和存在選擇（這是許多北歐家長開始採取的作法），還是無論在政治、宗教或哲學上，都百分之百信任一個外部的權威？要回答這個問題，不妨先看看一個說明父母責任的界限和重要性的例子。

父母的責任和權力

例證

三歲的雅各和爸爸到商場購物。雅各一開始牽著爸爸的手，後來他覺得無聊便放開手自己去探險。他爸爸在後面追，抓住他的手說：「雅各，你必須跟在我身邊，而且牽著我的手。記住！」

雅各抗議，試圖掙脫爸爸的手，可是爸爸抓得很緊。（顯然雅各的爸爸正行使他的權力，負起家長的責任，大多數的家長會認為他這麼做是對的。）

要離開的時候，他們經過一個冰淇淋攤，雅各問：「爸，我可以吃冰淇淋嗎？」

他爸爸說：「今天不行，雅各。」

雅各說：「噢，爸！我真的很想吃。為什麼不能吃？」

「因為我說不行，雅各……由我做決定！」

雅各又問了一次，結果還是一樣的。最後他放棄了，一路垂頭喪氣地走到停車場。（同樣的，大多數的人會贊同雅各的爸爸這樣的作法。）

買完東西回家後，雅各的爸爸說：「雅各，睡午覺的時間到了！」

雅各抗議說他還想玩，可是他爸爸很堅持，對他解釋說，如果現在不睡覺，晚一點他會太累了。雅各躺在床上翻來覆去，十五分鐘以後終於睡著了。（雅各的爸爸再度運用他的權力，盡了為人父母的責任，大多數的家長也會同意他這麼做是對的。）

對於前兩段劇情，我和大多數的家長意見一致，但我不認同最後一段的處理方式。在第一段情節裡，雅各年紀太小不能獨自逛商場，這一點毫無問題。重點不是雅各在生理和智識上的侷限，而是我們社會的價值觀。在我們的文化裡，讓一個三歲的小孩獨自行動，既不好也不安全，避免這種事情發生是父母的責任。

為了履行這個責任，雅各的父親必須使用最少的肢體力量。他對雅各的口頭指示很適當，沒有侮辱雅各或傷害他的尊嚴。在第二段情節裡，雅各的父親行使他的經濟權力，同樣也沒有以言語侮辱兒子。

第三段情節就比較複雜了。在第一個情節裡，雅各需要有人引導他面對周遭的世界。不過睡眠的需求是非常個人的，他爸爸只能憑經驗提出意見（或者雅各的爸爸是自己想要清靜一會兒，卻說是雅各需要休息）。即使在那個星期六下午，他的意見可能剛好是對的，他也只能達成一個目標：雅各睡了一個小時的覺；一個短期的結果。

雅各的爸爸或許就是這樣理解為人父母的責任：必須告訴兒子他的需求是什麼，並且務必要讓這些需求得到滿足，好讓雅各懂得什麼才是對他最好的。（做父親的也會滿足雅各的其他許多需求，我稍後再回來談這一點。）我們來想想做父親的用這種方式承擔責任，會造成的一些後果。首先，雅各的睡眠需求將永遠受到外部控制。如果他是嬰幼兒，父母可能覺得這樣很好。但想像一下，已經滿十歲的雅各問爸媽他是不是該睡覺了，爸媽必然會對他很不高興，然後說：「你已經夠大了，可以自己決定！」然後雅各會覺得又氣又困惑，畢竟過去十年來，他學到的是在父母覺得他必須睡覺的時候上床睡覺。換句話說，他已經努力合作，也希望能做「對」的事。現在他表現出自己多麼聽話，他們卻告訴他說他「錯」了，他應該更獨立。

其次，在成長過程中，雅各和他的父母會有許多衝突。至少他會開始「煩」他們，要他們允許自己熬夜，屆時他父母的反應不是拒絕，就是退讓（視情況而定），或者他們會定下許多規矩。在許多家庭裡，這種情況更嚴重，父母和孩子每天都會為了睡覺時間起衝突。假設雅各有個妹妹硬是要和雅各在同樣的時間上床睡覺，想也知道這種情況會有多麻煩。

這種衝突不但讓雙方筋疲力竭，還會讓雅各認為：如果他想要忠於自己，就是讓父母為難。因此他學會了一個原則：「為了被愛，你必須背叛自己！」在日後的每一段感情裡，這個認知都會為他帶來傷害。

為了應付這個原則，有的小孩變得凡事抗拒。一旦抗拒變成一種人格特質，這些小孩最終會拒絕別人的要求和他們自己的需求。他們的生存原則就是不做其他人認為該做的事。**但抗拒並不是一種與生俱來的態度，除非孩子的自尊在家庭裡受到威脅，才會發展出這樣的生存策略。**

替代的作法是什麼？如果雅各的爸爸認為兒子真的需要睡午覺，他可以怎麼做呢？

他可以直接說：「雅各，聽著，我認為你需要睡一小時的覺。你覺得呢？」

雅各大概會這麼回答：

「現在不要。我想玩。」

「我今天不想睡。」

「不要！我想玩汽車！」

他父親可能會回答：

「好，就玩到你想睡覺的時候。」

「我看你很想睡覺，不過當然，你覺得想睡覺的時候再睡。」

「對，我看到你把汽車排好了準備要玩。好吧，那我要安靜坐個半小時看看報紙。」

萬一雅各鬧起彆扭，整個下午都在耍脾氣呢？那麼他爸爸可以說：「你現在這個樣子，跟你在一起實在不好玩。也許你還是應該先睡個午覺。」

在這個情境中，父母親必須忍受教養一個難纏的小孩所帶來的短期不便，不過相較於得持續管理小孩的睡覺問題，這段時間實在不算什麼。這段不愉快的時間比較短，對父母的傷害也沒有眼見睡眠問題引起的衝突越演越烈那麼嚴重。在嬰幼兒階段就採取這個原則的家長，小孩到了十八個月或兩歲大的時候就會自己主動說「我想睡覺」，這會是多麼令人愉快的事。而正如父母一般，有時候小孩會睡得很飽，有時也會睡眠不足。

重要的是：他會主動參與他的自尊和自我責任感的發展過程。此外，等他長大成人，有能力建立自己的家庭時，他會知道別人的個人需求並不是在冒犯他，而當他的需求和其他人認定的不同時，也不表示他有錯。表達需求和犯錯是可以被接受的。

在另一個層次上，雅各和他爸爸之間的對話不只解決了一場激烈衝突，也展現了一個相互學習的過程。當雅各的父親說「我需要半小時看報紙」，他看出了自己的需求，因此行使他的個人責任。如果他只是行使權力說「你必須睡午覺，因為你累了，叫你去就去」，或者如果他定下規則說「你很清楚你每天都得睡午覺」，他可能就會失去這樣的學習機會。

如果做父親的以權力相向，雅各只會學到屈服或抗拒。如果他爸爸在這個時候不訴諸權力，將給兒子和他自己一個難得的機會，看見他們對彼此具有多少價值，以及他們如何幫助彼此成長。同時，雅各將有機會：以父親為範本，學會如何表達和協調自己的需求，為自己和家人負責；流暢地使用個人語言（稍後我會在本章說明）；以及發展個人的責任感。

小孩的個人責任感

必須讓孩子對他們生活中的三個領域負起責任，以維持他們的健康：

- 他們的感覺，例如什麼好吃，什麼不好吃；什麼好聞，什麼不好聞；什麼感覺冷、什麼感覺熱等等。
- 他們的感受，例如快樂、愛、友誼、憤怒、沮喪、憂傷、痛苦、慾望等等，和人及事有關。
- 他們的需求，例如飢餓、口渴、睡眠、親近、遠離。

再過幾年，他們也要為自己的休閒活動、教育、衣著和外表及宗教信仰負責。

小孩應該為生理、情緒和智識這三個領域負責，這句話是什麼意思？難道這表示應該每次都讓他們做決定？應該讓他們隨心所欲？應該讓他們為所欲為？

為了回答這個問題，我必須訴諸語言學：**決定**和權力有關，而**負責**則和責任有關。這兩種現象有某種程度的重疊，但其實非常不一樣。

只要多數成人還是成長於根據舊式價值觀來教養子女的家庭，自然會產生這些問題。在這些父母的心中，給予小孩對等尊嚴會被解釋成賦予他們「自由」，而這和這些父母們成長期間所經歷的「限制」完全相反。這樣的父母把親子關係視為一種權力爭奪。每個問題說穿了只有一個基本考量：誰做決定，誰掌握大局。權力爭奪的規則並不重要，不管是按照大人決定的方式，還是根據比較民主的原則，總之爭奪基本上就是取得權力。回到雅各的情況，問題其實不在於雅各想玩或他爸爸需要休息，而是他們父子之間的權力爭奪。然而，這種爭奪只會走進死胡同，導致雙方的需求都得不到滿足。

如果我們真的想捍衛父母和小孩的完整人格，幫助小孩發展健康的自尊和個人與社會責任感（完整人格、自尊和責任，這三種概念是不可分割的），那就必須把一個新觀念引進家庭。**我們必須認真對待我們自己和我們的小孩，而不是恪守如何分配權力的落伍觀念。**

這個想法聽起來好像很容易，實則不然。這和「允許」一個人做某件事不同。如果雅各問爸爸他能不能玩小汽車，而他爸爸說「可以」，那麼雅各的爸爸便允許他做某件事。而當我們說要認真對待另一個人，光靠話語本身是不夠的。我們還必須注意「語調」和「口氣」，才能確定一個人是否被認真對待，或者他是被當作小孩子打發。

認真對待另一個人，我們必須：

- 承認對方有需求、渴望、經驗、感受的權利，也有表達他真正擁有什麼的權利；
- 從對方的觀點來看待他的需求；
- 以理解的態度回應對方的行為，同時認真看待我們自己的立場。

想像一家百貨公司的結帳櫃檯前長長的人龍。一個四歲小女孩走到排在最後面的母親身邊，拉著她的手臂，用絕望的語氣哽咽著說：「媽咪，我不想再待在這裡。為什麼我們不能回家？我不想在這裡了！」

母親會怎麼回答？如果她來自舊式家庭，她會覺得必須管教女兒的行為，例如說：「不行，不要多說了，買東西就得乖乖排隊結帳。」

一個來自民主家庭、作風比較現代的母親，會以客觀的觀察和轉移注意力的戰術，希望得到女兒的理解。「不可以喔。我知道妳很累了，但妳看看有很多人排在我前面。妳看到掛在那邊的漂亮裙子嗎？」

以上這兩種說法都沒有「錯」，兩位母親也都沒有直接侵犯小孩的完整人格。不過在這兩個例子裡，小孩都間接得到一個訊息：她的感受和需求沒有母親的感受和需求來得重要。第一位母親忽視小孩的感受和需求；第二位母親則試圖轉移孩子的注意力。在這兩個案例，家長都要小孩認真看待大人的感受，卻沒有給孩子相同的對待。

現在我們來研究一下兩位母親對同一個情境的不同反應。

例證

露絲的女兒扯著她的袖子，露絲掙脫女兒的手，抓住女兒的上臂，凶巴巴地說：「不准這樣！妳要乖乖待在這裡，直到我們結完帳為止！懂不懂！」

正當女兒欲言又止的時候，母親設法要把她抱上嬰兒車。但女孩跌倒，躺在地上不斷哭喊：「不要，不要，我要走了。我不要在這裡。」母親壓抑著怒氣，好不容易把孩子拉起來，但女孩的身體僵硬，根本沒辦法坐進嬰兒車。母親氣急敗壞，低聲對女兒說：「夠了，坐下，否則要妳好看。」

那一刻，女孩的哭聲從沮喪、哽咽的抗議，變成了低聲的啜泣，她的身體癱軟，母親便把她放進嬰兒車。女孩繼續啜泣，直到母親結完帳，兩人離開百貨公司為止。

莉娜和她四歲的女兒也被困在結帳隊伍中。不過這個女兒對母親是這樣說的：「媽咪，這裡很不舒服……我們不能趕快回家嗎？」

莉娜用慈愛的聲音回答說：「妳說得對，這裡熱得要命，而且妳看還有這麼多人！只要結完帳，我們就可以走了，妳跟妹妹可以把那些襪子掛好嗎？」她指著一堆從架子上掉下來的兒童襪。

女孩牽著妹妹，兩個人一起把襪子掛好。掛好之後，姊妹倆回到母親身邊，妹妹坐在嬰兒車裡，姊姊則跟媽媽要奶嘴。

露絲的女兒跟母親說話的用語顯示她不習慣被認真對待。她一開口就充滿防衛和抱怨，而且從表面看來，她的語調很容易讓她顯得自我中心又惹人生氣。不過這一點其實代表這個四歲的女孩已經學到，對母親來說，她的渴望和需求不重要或討人厭。這個女孩不斷爭取感覺自我價值的權利，但多半敗下陣來。露絲在百貨公司裡的反應再度證實了女孩的經驗。

其實露絲本人也不習慣被認真對待，因此她總覺得女兒的需求很煩人。結果形成了一場權力爭奪，傷害了女兒在生理和心理上的完整性。沒錯，母親表面上贏了這場鬥爭，但其實母女都是輸家，因為雙方都沒有得到自己想要的。女兒又失去了一點自尊，以及對人的信任；母親則再次體驗到自己低落的自尊，並且又失去了一點她為人母的自信。此外，她們的關係惡化了。

時間久了就可以看出露絲的女兒是否已經放棄抗爭。或許她會變得體貼又聽話，或者相反的，她會以母親對付她的那種氣急敗壞的粗暴手段來傷害母親。如果這件事發生在三十或四十年前，小孩會被迫適應。長大後，童年的破壞性因素會傷害她的心理健康。而今日，這種結果往往出現得更快。到了青春期，她大概就會開始出現自我毀滅的行為。

回到莉娜身上。莉娜的女兒和母親說話的方式，顯示她來自一個比較能夠表達個人的渴望和需求、個人也會被認真對待的家庭。莉娜的反應證實了這一點。她知道女兒想合作，也希望覺得自己對父母有價值。於是她要女孩趁排隊的時候做點有用的事，因而解決了她們共同的難題。女兒沒有如願以償，但她的感受的確得到肯定。即便她的需求和母親的需求衝突，她也學著信任母親。此外，在她們被迫排隊的時候，她能夠為自己的快樂負起責任。

至於哪一個母親比較好，這個問題一點也不重要。兩位母親都依照她們學到的方式盡力處理，給她們打分數毫無意義。這兩段故事的重點，是露絲和女兒的關係令雙方都痛苦，而她們其實可以學到解除這種痛苦的方法。

兩個小女孩都得不到她們想要的，兩人的母親都沒有「允許」她們隨心所欲，或「為所欲為」，但只有莉娜認真對待女兒和她自己的需求，承認母女的需求價值均等，也負起為人父母最重要的責任，因此母女的完整人格都沒有被侵犯。

莉娜和前幾代的母親不同的地方在於她以身作則，展現個人及社會責任感，而不只是教訓女兒。她成為女兒能夠合作的範本，而不是一個權威，要女兒去做母親自己並未身體力行的事。她知道這不是非此即彼的問題（不是我做你要做的事，就是你做我要做的事）。不必她的指示，女兒就學到排隊時要耐心等待，也知道母親認真對待她的需求。

受到認真對待不是一種具體的經驗，而是一種「音樂般」的體驗，所以當小孩在家裡缺乏被認真對待的經驗時，他們很難明確說出來。當善於表達且父母開明的小孩企圖把這種經驗說出來時，他們常常會這樣說：「我爸媽決定每件事。我永遠不能決定任何事。」這種說法在客觀上往往並非事實，但那是因為沒有幾個小孩能夠表達得不到父母認真對待的經驗，於是他們反而會報告自己被排除在決策過程外的感受。

如果是家庭比較僵化、表達能力又沒那麼好的小孩，就會被迫退回到症狀行為（symptomatic behavior）：他們會變得固執己見、要求過多、吹毛求疵或蠻橫霸道。

大人很難理解這些行為背後的意義，因此小孩覺得自己沒有被認真對待的這個潛在問題，依然沒有被處理。這些小孩需要的是一種個人語言，用以表達他們的內心感受。

個人語言

我們所有人都會使用多種語言。我們從小就學習多種不同的語言（不同於外語）：

- 社會語言，在日常社會情境中使用，必須有禮貌和間接一點。
- 學術語言，用來描述和分析科學問題。
- 文學語言，用來書寫。

這三種語言都不適合用來表達、處理或解決人際衝突。如果用社會語言來「談論」或「聊聊」衝突，我們或許會覺得比較放心了，但找不到解決方法。心理學有專業的話術可以用來分析和描述我們的衝突和問題，可是沒辦法解決。有些作者顯然可以「靠書寫讓自己走出問題」，但釋放他們的不是書裡的文字或句子，文字是文學對治療過程的見證。

為了在與他人互動時好好表達自己，又不會把彼此的連結切斷或複雜化，我們必須擁有一種個人語言。所謂的個人語言，是指讓我們表達感受、反應和需求，並設下界限的語言。這種個人語言是小孩開口說的第一種語言，無論小孩的父母有沒有他們的個人語言。

個人語言的核心是：

我要。我不要。

我喜歡。我不喜歡。

我會。我不會。

（絕不能把這種個人語言和過去二十五年所發展的「準個人語言」〔quasi-personal language〕混為一談，準個人語言源於心理學，以人們必須「談論他們的感受」這個概念為基礎。使用這種語言，在某種程度上有可能把自己描述給其他人聽，但這種語言欠缺個人語言那種釋放及強化連結的力量。例如，以「我覺得……」開頭的說法，很少具備「我要……」這種說法的個人強度。）談論我們的感受或許具有某種社會價值，但對於我們的心理健康以及人際關係的品質，口語和情緒的**自我表達**能力重要得多。

孩子的個人語言比大人的語言更為立即和「原始」。它可以準確描繪孩子當下那一刻發生什麼事。在專制的家庭裡，個人語言是被禁止的，這種家庭的父母會花很多工夫來確保他們的小孩學會「好好說話」，並解除孩子的個人語言。但在強調每位成員要以對等尊嚴相待的家庭，小孩就必須發展出他們自己的個人語言，而父母和其他成年人必須給予協助。

下面有三段簡短的對話，在每一段對話裡，一位家長尊重孩子的個人語言，另一位則不然：

小孩：我現在不想睡覺。

尊重的父親：我希望你現在就去睡覺

不尊重的父親：聽話，照我說的去做。

或是：夠了！叫你去睡覺就去睡覺！

小孩：我不喜歡吃洋蔥。

尊重的父親：我喜歡洋蔥。我覺得你應該嚐嚐看。

不尊重的父親：不要亂說！你平常很喜歡吃的。

或是：你別鬧了！像我們一樣把盤子裡的東西吃完。

小孩：我要玩你的電腦。

尊重的父親：我不要你玩我的電腦。

不尊重的父親：你怎麼總是惹人生氣呢？

當家庭允許個人語言在受到尊重的氛圍下發展，小孩的完整人格不會受到侵害，他們會學習設定自己的界限，而不會侵犯其他人的界限。在教導孩子流暢地表達個人語言時，父母和小孩都會更瞭解自己。相較之下，比較傳統的作法是由父母告訴小孩他們應該是或應該成為什麼樣的人。諷刺的是，這種作法只會讓父母對小孩真正的樣貌更加擔憂。

唯有透過和自尊同時發展的個人語言，才能提升個人的責任感。同樣的，唯有透過個人的責任感，才能帶來心理和社會的健康。

幸好個人語言並非完全仰賴父母和其他成年人。越來越多小孩和青少年發現了個人責任的價值，就這麼承擔起來。他們清楚意識到大人或許難以承擔這樣的責任，他們以很棒的說法來表達，例如：你在害怕嗎？他們不只精準地指出青少年日益增加的恐懼，也暴露出「孩子就是我們的未來！」這種陳腔濫調的空洞。

負責，但不孤單

孩子自出生以後，就能夠用聲音和姿勢來表現他們個人責任的範圍和完整性：

——肚子還不餓的小孩會把頭從母親的乳房別開或吐奶。

——嬰兒太冷或太熱，或者尿布濕了，會吵鬧或啼哭來告訴大人。

——幼兒會自然而然接近他們喜歡的人，抗拒他們討厭的人。

——幼兒會挑選反映他們心情的衣服穿，而非適合天氣的衣服。

在我看來，這表示嬰幼兒能夠充分表達他們的界限，以及他們想要和需要什麼。儘管如此，他們常常需要大人幫忙把他們的暗示轉譯成清晰、可理解的表述。此外，雖然小孩能夠表達他們的需求和界限，但仍然無法保護自己免於較大的孩子或大人的控制和傷害。因此他們仰賴成年的照顧者能夠且願意認知他們的能力，以及他們運用個人責任的權利。但這些大人必須值得信賴（也就是忠誠對待）而且態度開放（願意承認每個人對現實有不同的體驗）。

看看下面這幾段小孩和尊重及不尊重他們的家長之間的對話。

小孩：爸比，我冷死了！

尊重的爸爸：是嗎？我還好……這樣吧，要不要我找件衣服給你穿上。

不尊重的爸爸：別傻了。根本就不冷，你看我，我跟你一樣只穿一件T恤。

小孩：媽，我不喜歡新的英文老師。

尊重的媽媽：哦……我真沒想到。我覺得她很好啊……你不喜歡她什麼地方？

不尊重的媽媽：怎麼會呢？我想是她要求你準時交作業吧？

小孩：媽，妳知道星期天的派對……？我想穿那件綠色的襯衫，可以嗎？

尊重的媽媽：妳穿綠色很好看，但我比較喜歡妳穿白色的。

不尊重的媽媽：妳不覺得妳花太多精神在打扮上嗎？妳有很多好看的衣服，穿哪一件都無所謂。

大人種種不當的回答有兩個共同點：低估孩子的能力，而且企圖「教育」小孩。事實上，這些評論的意思是，「你不應該用你的方式來感受和體驗。用我的方式來感受和體驗比較好。」

但在教育的面向上呢？那個不喜歡英文老師的小男孩，他母親或許非常希望兒子在遇到好的老師時要懂得珍惜，或者她也許認為他對學業太輕忽了。這些當然是正當、重要的考量。或許第三個例子裡的母親擔心女兒開始花太多時間裝扮自己，這樣的考量也很正當。

不過一旦以這種方式表達，這兩種考量本身和時機點都有問題。如果父母要和小孩討論重要問題，他們必須選擇適當的時間和地點，才有機會好好說。這是認真對待自己的一種方法。如果他們想省事，這樣既無法對孩子產生影響，也不會得到小孩的認真對待。換句話說，對小孩不尊重的說法，不會產生家長渴望以及／或者小孩可能需要的教育效果。

甚且這種作法會產生反效果，不尊重的回應會讓小孩覺得自己做錯了或很笨。如此一來，小孩會忽略父母有意灌輸給他們的教訓。每一種教育理論都告訴我們，自認為愚蠢或做錯的人，什麼也學不到。

例證

十六歲的莉莉和十八歲的法蘭克是男女朋友，他們已經認識好幾個月了。有一天，莉莉放學回家時跟媽媽說：「媽，法蘭克和我想知道，如果我這個週末到他家過夜，妳和爸爸答不答應？」

假設莉莉生活在一個對這種事接受度很大的社會，她母親應該怎麼回應？她母親知道女兒想做什麼，但她不確定女兒知不知道自己需要什麼。莉莉要求到男友家過夜，不是因為她想和他上床，她大可以在其他時間和地點和男友上床，用不著父母允許。她請求父母同意是基於兩個原因：她想和男朋友上床，而且想讓爸媽知道她跟男友的親密關係，同時她必須知道母親對這件事的想法和感受。她想告訴母親現在的她是什麼樣子，也想知道母親對現在的她有什麼看法。換句話說，莉莉不需要母親教她性知識和避孕方法，或給她上愛滋防護和道德的課程。她需要的是開放而個人的反饋，和她詢問母親這件事時的態度一樣（我們就假設她的目的是強化她的自尊和個人責任感的發展，深化她和母親的連結）。

莉莉的母親也許會這樣回應：

「嗯！現在我不知道該跟妳說什麼。我真的很想說，『不行，不行，不行！』我知道妳十六歲了，但在我心裡妳還只有十歲……妳就不能為了我等個十五或二十年……當然，我其實不是這個意思，不過妳剛才這樣問我，我真的不知道該怎麼回答才好。可以讓我考慮考慮，先跟妳父親談談嗎？然後我才能告訴妳我的想法。」

這個回應並沒有直接回答莉莉的問題，不過這比直接的答案更好：母親公開、坦承，而且非常個人的反應。青少年最需要的便是這種反應。這樣就能建立起母女之間的連結。萬一將來莉莉需要資訊和指導，或是萬一她陷入道德兩難，她和母親之間的溝通大門是敞開的。

或者她母親可以說：

「我認為妳不應該去！我知道妳有多麼喜歡法蘭克，所以我早預料妳會問我這種事。我沒辦法決定妳跟誰交往，但我必須告訴妳，我不想讓妳和法蘭克這種男孩子交往。我這麼說並不是要禁止你們談戀愛，但既然妳問我的意見，我的感覺就是這樣。」

這種反應和第一種反應的性質相同（只是少了幽默感）。莉莉大概比較希望她母親樂見她和法蘭克談戀愛，但這一點可遇不可求。不過對於莉莉、她母親和她們的關係來說，這種反應遠勝過模糊和閃避的回答，例如：「噢，我不知道，莉莉，妳喜歡法蘭克……這是妳的決定……妳認為呢？」（第七章會談到允許或禁止青少年做什麼的問題。）

個人反饋的溝通形式能夠同時達到三個目的：以不同的方式培養孩子的個人責任感；維持並發展孩子和父母的關係；促進家庭的凝聚力。其他的反饋形式，不論是給予實質、道德和社會指導，或是價值判斷，或是漠不關心，完全無法達到這三種目的。這樣的反饋形式會讓孩子變得受外部控制，從而傷害他們的自尊及個人責任感的發展，並產生孤獨、自卑或羞恥的感覺。這些都是自毀式行為的前兆。

此外，運用個人反饋有一個好處，它可以不斷提醒孩童和青少年，世上還有其他的人、其他的態度和其他體驗現實的方式存在。這一點很重要，有助於發展他們的社會意識和社會責任感。

對成年人而言，選擇和孩童及青少年保持一種尊嚴對等的關係，是一項挑戰。小孩每天都在嘗試劃定他們的個人界限和個人責任。父母在回應的時候必須多花點腦筋，想出新的回應方式，而不是訴諸同樣的標準反應。父母必須更瞭解現實。他們不能再說：「我們通常不是這樣」、「其他人都說……」或是「我們家向來……」

換句話說，家長必須拋棄「自動式家長答錄機」，只要有小孩在的地方，這種機器就會滔滔不絕地說著教育、勸誡和「幫助」他們的話。當然，其實絕大多數的小孩在滿五歲之後，就不再聽它播放的訊息了，而且多數的大人一轉身就會忘記他們自己說過什麼。不過這是可以理解的，因為這種訊息根本靠不住，裡面錄的多半是我們從祖父母那裡聽來的一大堆未經篩選的「前人智慧」，外加我們在雜誌或電視上看到的各種零零碎碎的給家長的建言。

然而，這不代表它是無害的。沒有害處才怪。每個字聽起來可能都沒什麼，潛藏的訊息卻具有毀滅性：「除非我不斷提醒你應該做什麼，否則你無法成為一個有教養／負責任／合作的小孩！」或者就像我爸媽說的：「你應該慶幸有我們這樣的父母。要是沒有我們，你現在會變成什麼樣子？」這種話越是重複播放，小孩就記得越清楚，他們深深信任父母，以至於把潛在的訊息變成自己的一部分，最終認為自己是犯錯、差勁或不好的人。即使到他們四十歲也一樣。

小孩表達和實踐自我責任感的能力會隨著年齡而增長。大人的自我責任感也一樣——但大人最好樂於承認他們自己和小孩有這樣的能力。

責任 vs. 付出

才不久以前，人們總會期待小孩要幫忙分擔家務。例如，有的家長期待小孩做他們該做的「家事」，以此表示對父母的愛和養育心懷感激。小孩如果抗拒或沒有心甘情願地做他們分內該做的事，父母經常會說：「你們把家當宿舍了。」

過去十五到二十年間，我發現有一群父母的作法正好相反：他們不要求小孩做適當的家事，反而處處伺候小孩。小孩年紀還小，親子互動還算和諧時，這種作法充滿了愛與關懷。不過到了小孩三、四歲的時候，親子關係常常變得緊張。當小孩的要求越來越不合理，父母會越來越氣餒。最糟糕的狀況是父母氣急敗壞、筋疲力盡，而小孩變得越來越自我中心，沒辦法和任何人相處。

專業人士給這樣的小孩做出各種不同的「診斷」，例如「新小孩性格」（The New Child Character）和「小暴君」（The Little Tyrants）。過了好幾年，專業人士開始把焦點放在父母身上，問他們孩子做了什麼，以及為什麼小孩會有這種行為。我一直覺得為這種小孩的父母進行諮商很有意思，而且我曾有機會在許多歐洲國家從事這種諮商。他們代表親子關係演化過程的先鋒。

這些典型的「現代」家長往往非常注重他們和兒女的關係。他們對教養子女很有想法，而且多半抗拒過去專制家長的角色，刻意避免小時候父母對他們的教養方式。他們清楚記得，當父母替他們做決定的時候，他們感到多麼洩氣和被矮化。這些回憶烙印在他們心裡，他們總覺得永遠無法擁有或做到他們想要的一切。（如果做父母的心裡總是充滿不確定感和無力感，但又莫名所以，這樣的家庭也會造成孩子有缺憾感。）

舉幾個例子，亨利小時候必須吃穀類食品當早餐，儘管他一點也不喜歡，而如果他還沒到午餐時間就餓了也會挨罵。麗莎就算已經吃飽了，還是得把盤子裡的東西吃光光。隨時都想要新玩具的馬克經常被爸媽罵說：「不能每次你開口要什麼我們就給你什麼！『我要這個，我要那個。』你老是想買玩具！寶貝啊，你有沒有想過，總要留點地方給我們其他人？無論如何，你的生日剛過，聖誕節很快就到了。你應該知道我們得省點錢！不可以再說你要什麼。」

等到亨利、麗莎和馬克為人父母，他們自然會認為，只要有辦法，一定要給孩子他們想要的一切。他們除了希望避免犯下自己父母當年的錯誤，也認為自己的作法是一種愛與關懷的表現，儘管這麼做其實事與願違。只能說這種作法和其他許多教養小孩的作法一樣，是以愛為出發點。

基本上，在這種家庭裡，個人責任感已經出現偏差。我之前提過，小孩知道他們要什麼，但不知道自己需要什麼。如果小孩想要什麼，父母就盡量滿足他們，那麼小孩的需求（家長有經驗、有知識的領導）依然得不到滿足。如此一來，小孩反而會覺得被忽略。此外，如果家裡愉快的氣氛是以「小孩要什麼就給什麼」為基礎，那父母是在告訴小孩，愛與關懷就是讓他們要什麼有什麼。於是小孩會要求父母提供更多的服務，而且他們要求越多，越是覺得被忽略而感到痛苦，於是又要求更多以作為補償。換言之，他們是在配合父母的哲學。

這種家庭欠缺的是子女和父母的對話。這些父母一心想要成為充滿愛心又親切的父母，因而忽略了他們自己的需求和完整人格。因此他們的子女從來不曾遭遇個人反對。相對於和父母的實際互動，孩子只得到好或不好的回應，據此判斷他們的要求能否得到滿足。長此以往，他們缺乏個人責任感，自然也不可能會有個人親密感。

成人可以在自己的感情關係裡看到這種現象。我們都喜歡被服務，特別如果是雙方有來有往的話。但如果你的伴侶不斷問你的需求、感受和心情，卻從來不曾透露他自己的需求、感受和心情，最後你會覺得孤單受挫！要主動向對方說：「聽著，我知道你想滿足我渴望的一切，但我從來得不到我最需要的，就是你！」這種話就算大人也很難說出口。

小孩更不可能清楚表達這種經驗。他們反而會得出一個必然且痛苦的結論：「我要什麼爸媽都給我，但我還是覺得少了什麼，那一定是我有問題。」而他們的父母不免會做出同樣的結論：「我們能給孩子的都給了，仍然不夠，我們真是差勁的父母！」這是最具爆炸性和毀滅性的一種親子關係。雙方很快會失去自尊和自信，同時產生攻擊和罪惡感。

解決之道只有一個，這個方法既簡單又困難，要從兩個關鍵性的步驟開始。

首先，家庭關係朝這種毀滅性的方向發展，家長必須負起百分之百的責任。他們必須和小孩一起坐下來，坦誠地說：「我們很抱歉家裡的情況讓你這麼難受。我們也不好過。我們想告訴你，這是我們的錯。我們總以為你要什麼就給你什麼，這樣做對你是最好的，但現在我們才發現我們錯了。我們一心想讓你快樂和滿足，以至於忘了我們自己。現在情況將會改變。這對我們每個人來說都不容易，但我們可以一起挺過去的。當然，如果你願意和我們合作，讓我們家變得更好，我們會很高興。」

下一個步驟要花的時間長得多。父母必須設法找到「他們自己」：他們自己的界限、渴望、感受、價值觀和需求。他們也必須練習盡可能「純粹」地表達自我，也就是說不要批評小孩，或要求他們的理解和單方面的合作。一般來說，小孩有能力在父母真的實踐之後，配合這種新作法。他們的責任感會和父母的責任感一起發展，儘管步調比較慢。

父母如何訓練自己表達他們自己的感受、需求和界限？並不是和小孩進行漫長、深刻的對話，而是要記得「把自己帶入」日常的對話中。父母必須使用個人語言。

與其說：「我今天提早下班。你要我三點鐘到你朋友家接你，還是五點鐘你自己回家？」

應該說：「我今天提早下班，我想要三點鐘過來接你。你覺得怎麼樣？」

與其問：「你晚餐想吃什麼？」

應該說：「我今天晚餐想吃魚。你想吃什麼？」

與其說：「你今晚不想早點睡覺嗎？」

應該說：「我今晚想獨處幾個小時，所以你早點睡好不好？」

與其說：「我們這個週末有空。你想做什麼？」
應該說：「我們這個週末有空，想待在家裡輕鬆一下。你覺得怎麼樣呢？」

與其說：「今天好冷。你不覺得你應該穿件保暖一點的衣服嗎？」
應該說：「今天好冷，所以我希望你穿件保暖一點的衣服。」

與其說：「你今天下午想不想到花園幫你爸爸的忙？」
應該說：「我想要你今天下午到花園幫爸爸的忙。」

如果只看用字遣詞，這兩種說法的差別或許不大。但真正的差別在於回應的性質：第一種說法會讓人產生孤單的感覺，換個說法就會讓人覺得彼此是一體的。當父母採用我所建議的方式說話，孩子會對父母產生真實的體驗，也就是說，孩子體驗到的父母是「真真實實」的。只有這樣，他們才能開始發展社會責任感。

父母剛開始以個人語言說話時，和小孩的衝突可能有增無減。這是一種可以理解的後座力。而父母可能會因此重拾以前的作法，包括「設限」、「態度堅定」和「讓孩子明白後果」。這些作法可以在有限的時間內發揮作用，但這是非常短視的解決方法，而且基於許多理由，家長最好不要這麼做。

在最好的情況下，這種方法會減少衝突的次數，但這只是表面。家庭成員不會互相爭執，反而經歷了內部衝突（內心衝突），這些衝突不可避免地會以人際衝突的形式再度發生。原因有二：第一，老派的方法最後把所有責任全部歸在孩子頭上。第二，這些作法表面上好像滿足了需求，其實不然，大人和小孩之間依然欠缺親密感。小孩仍然得不到他們需要的，頂多只是學會做出彷彿需求已經得到滿足的行為。同樣的，家長本身也沒有真正長大。他們只是在自己和小孩之間立下了一套「教養計畫」。親子之間的連結可能會改變，但不會改善。

家有過動兒的父母也有類似的問題，一般認為這樣的孩子是注意力缺失（Attention Deficit），以至於產生非常衝動和自我中心的行為。這些小孩的家長必須學習向孩子表達他們的界限和感受，而不是仰賴一種「方法」。否則的話，長期下來，會損害小孩的生活品質，他們的症狀也會惡化，同時父母也會覺得心力交瘁。當這些小孩被診斷為過動兒，往往有助於抒解父母的罪惡感；但採用「教養計畫」的作法，會傷害父母的自尊，以及他們和小孩的關係。不管是什麼樣的個性或診斷，除非是為了教小孩學習知識或實務技巧，否則把教學方法強加在小孩身上，對他們沒有任何好處。

第五章
小孩的社會責任

或許父母察覺到他們的態度和行為偶爾會出現矛盾，
並為這種言行不一感到懊悔。
或許他們擔心自己教不好兒女……他們沒有察覺到的是，
儘管他們立意良善，但教養過程的品質才是決定成敗的關鍵。

我堅信具有社會責任感可以增進一個人的生命品質。無論好壞，我們都是脣齒相依的，倘若以為我們可以避免影響別人的生活，也避免被別人所影響，無異痴人說夢。同樣的原理也適用於社會和家庭：沒有所謂你的問題和我的問題，只有我們的問題和我們的成功。

我在前面提過，只要家長支持孩子發展他們的自我責任感，這樣的小孩通常會自發性地培養出高度的社會責任感。這些小孩樂於助人、敏感、體貼，在在都是他們社會責任感的表現。在這種脈絡下，社會責任感的表現不是一種自我犧牲，而是一種有意識、共同的責任心，確保所有成員的尊嚴。

三、四歲的小孩透過和父母及兄弟姊妹的互動，開始發展出他們的社會責任感。不同的家庭採取不同的態度，需要小孩發展社會責任感的程度也大不相同，通常取決於有多少兄弟姊妹，以及家庭的社經地位等因素。有的家庭大力鼓吹社會責任感，強調以體貼和圓融的方式來表達情緒的重要性，有的家庭則透過思考和行動來培養實際的助人能力和責任感。

小孩的社會責任感會發展到什麼程度，每個國家都不一樣。某些國家的托育中心和幼稚園強調要「自由而有責任」（freedom with responsibility）；有的則根據小孩有多少能力和意願去遵守該機構的規定，來衡量他們的社會責任感。儘管各有不同，這些機構都相信一個共同的要素：小孩越是認為社會責任來自**責任感**（a sense of duty），長大後越有可能成為社會責任感發展不成熟的人。

要充分發展小孩的社會責任感，有兩個基本的先決條件：

- 父母看見並承認小孩想要合作。
- 父母對彼此、對孩子、對其他人都負起責任。

我在前面提過，大人以身教來影響孩子，效果遠超過言教。

例證

四歲的凱文坐在地上玩樂高。妹妹從旁邊經過，駐足了幾分鐘，用好奇又羨慕的眼神盯著哥哥。最後她忍不住拿起幾塊積木，想跟哥哥一起玩。凱文阻止妹妹不成，一把推開她。妹妹慘叫一聲。媽媽嚇了一大跳，馬上跑進房間。

媽媽：發生什麼事？怎麼搞的？

妹妹哭著說：凱文打我！

凱文：我沒有……她一直拿我的樂高。
媽媽：凱文，你絕對不能打妹妹。你必須記住你是哥哥，妹妹年紀小不懂事。為什麼不讓她一起玩呢？你看得出來她很想跟你玩，你就不能跟她一起玩嗎？

這是一個很典型的例子，代表我們對社會責任稍嫌簡化的理解（年紀大的必須善待年紀小的）和一種指導式的教養。母親說這樣的話情有可原。她不能接受每次小女兒以幼稚的行為侵犯凱文的界限時，凱文就暴力相向。問題是她在教導凱文要體貼的同時，卻沒有體貼凱文。

這是另外一種對話方式：
媽媽：發生了什麼事，凱文？
凱文：她老是弄壞我的樂高！
妹妹：凱文打我，媽！
母親（把妹妹抱進懷裡，同時看著凱文）：我們來想想看，如果你想自己玩玩具，可以怎麼對妹妹說？

在這個版本的情節裡，母親同時做了幾件重要的事：

她調查發生了什麼事。

她對兩人當中比較有責任感的小孩提出呼籲，而不是指出他該負什麼責任。

她的提議傳達出，她知道凱文已經試著透過和平的方式來保護自己的界限，最後之所以出現肢體衝突，是因為他想不到更好的辦法。

她同時承認凱文的合作意願和他保護自己完整人格的需求。

她照顧妹妹，同時也讓小女孩聽到，家裡很重視凱文的個人界限。

她沒有批評凱文利用他身體的優勢，表示說她知道他不願意發生這樣的衝突。

她指出作法，而不是提出解決方案。如此一來，她支持了凱文的個人和社會責任感的發展，同時也告訴兩個孩子，要在不傷害他人的情況下保護自己的完整性，其實沒那麼簡單。

這位母親不需要再說些什麼。凱文的責任感會漸漸把他引導到正確的方向。只要在家庭中建立起對個人責任的尊重，小孩隨時可以承受其他類型的社會責任。

實踐責任

一九五〇和六〇年代，大多數的專家都認為小孩幫忙做家事是健康的——一個不幸的錯覺。這種觀點背後所根據的原理，基本上說得通：小孩必須感覺自己是家庭中有價值的一員。從前的人把小孩視為養家活口的幫手，如今在比較高度開發的國家，小孩已經不需要擔任這種角色，因此他們的角色出現了空白。

然而，我們必須加以分別：有的家長要求小孩做家事是因為需要他們幫忙；有的家長只是認為做事對小孩「有益」。表面上看來或許差不多（事實上，絕大多數的父母恐怕都沒有意識到這是他們的一個決定），不過兩者差異極大，而且會產生重大的後果。因為家長需要幫忙而被要求分擔家務的小孩，覺得自己對父母是有價值的；而父母覺得做家事對小孩「有益」的孩子，覺得自己是父母實踐教養理論的對象。後者顯然很難感覺自己有什麼價值。

我說過規模不同的家庭會有所差異。家庭規模越大，越需要安排和組織，也需要更多責任。小孩滿五歲之後，往往會面臨家事分配的問題。在這個關頭，家長面對一個很重要的決定：他們要培養出盡責的孩子，或是能夠提供幫忙的孩子。

實際上，這兩者不是非此即彼的選項，不過暫且用這種方式來思考，有助於反思我們對小孩的長期目標。

如果希望教養出盡責的孩子，父母親必須考慮兩個基本因素：

- 依照發展心理學家的說法，對十歲以下的小孩而言，在生理、心理、社交和智識的發展上，最健康的活動是玩耍。
- 八歲和九歲的小孩想法有限。他們在締約時的認知和大人不同。舉例而言，假設妳在洗碗，六歲的女兒坐在餐桌前愉快地跟妳聊天。妳問她要不要一星期洗三個晚上的碗，她很熱情地說：「好啊。」但她的「好啊」不是說：「我願意一星期洗三次碗。」而是說：「好，我愛妳，只要妳高興，要我做什麼都可以！」六歲小孩爽快與母親「締約」，就像一個大人對另一個大人說：「我會永遠愛你！」這既不是承諾也不是約定，而是表達一個人在那個當下對愛人的感覺有多麼強烈。

只要你記住這兩件事，叫小孩固定做幾樣家事沒什麼不對。但家長絕不能把「愛和公事」混為一談。家長不能採取這種態度：「你有義務為父母完成你的職責，感激他們對你偉大的愛！」

職責歸職責，和愛一點關係都沒有。職責可能牽涉到意願，或許還有責任的意味，不過和愛無關。如果在夫妻間做類似的安排，愛情會迅速消褪。

因此指派工作給小孩，必須是對家庭有意義（父母真的需要他們幫忙），而他們的努力也會得到父母的感激。

分配小孩做家事的另一個好處，是發展他們與生俱來的助人能力和合作欲望。這麼做對家庭有幫助，而且不會損害小孩的發展。但小孩不是非得做家事不可；負擔家事不會培養小孩的社會責任感。家長必須決定，分配小孩做家事是基於他們本身的需求，或只是一種表態。

如果父母選擇教養出能夠幫忙的小孩，他們必須記住孩子在十歲或十一歲之前，無法有組織性地幫忙。這個年齡的小孩少數才有這種能力。此外，千萬不能指派他們固定的職責，而是在需要時請他們幫忙。

「賽門！記得今天輪到你洗碗了！」這位家長是在分配任務。

「賽門！我需要幫忙。你洗碗好嗎？」這位家長是在請求協助。

父母要求小孩幫忙的時候，小孩多半正在做其他事，因此父母不應該問小孩「想不想」幫忙。小孩永遠不會「想」停下他們正在從事的活動。但父母可以堅持：

「賽門！我需要幫忙。你洗碗好嗎？」

「不行，我沒空。我要和尼可拉斯踢足球。」

「你先踢足球沒關係，但我要你踢完球去洗碗，好嗎？」

或者：

「賽門！我要你把舊報紙拿去回收。可以嗎？」

「哦，不行……我不想去。我在看電視。」

「沒關係，賽門！你不必想去。但我要你今天就把那些報紙拿出去。」

或者：

「賽門！我需要你幫忙一下。晚餐快做好了，你去擺餐具好嗎？」

「不要！我在忙！」

「好，那我自己來。」

當然，小孩很可能願意幫忙。根據我的經驗，教養出能夠幫忙的小孩有兩個好處。長遠來看，這樣的小孩比較能夠促進家庭團結。其次，親子雙方都會得到如何答應或拒絕對方的基本訓練，他們會更瞭解彼此的需求和界限。區別盡責和幫忙之所以重要，不是選擇和責任的問題，而是一個人的責任感究竟是發自內心（內控）或來自外部（外控）。

小孩和大人一樣，必須感覺自己對整個家庭具有價值。如果覺得自己只是從事一件勞務，很少或從未讓人產生這種價值感。如果小孩感覺自己是在聽爸媽使喚，或覺得自己是父母用來實踐教養觀念的對象，就會剝奪他們的價值感。最純粹的責任感，是發自當小孩和大人自由地奉獻自我時，而不是在他們感覺被迫付出以討好別人的時候。

過度負責的小孩

大人們常常積極參與小孩的社會責任感的發展，以至於我們忘了小孩幾乎從一出生開始就覺得自己要為父母的幸福負責。當父母出現個人或婚姻問題，或是父母未善待或忽略彼此，小孩就會產生罪惡感。在這種情況下，小孩總會做出同樣的結論：錯在他們。這樣的小孩會很早熟，而且因環境所逼，不得不扮演父母的家長。

有的孩子在一、兩歲的稚齡就變得過度負責。他們學會關心父母的需求而壓抑自己的需要。如果父母是吸毒者、酗酒者、有精神疾病或情感疏離，這種情況特別明顯。

但這種情況也會發生在一般的家庭。例如媽媽年輕又不成熟，是為了追求自己生命的意義而生下孩子。如果父母為了離婚而把小孩當武器，把爭取監護權當作一種勝利，也經常出現這種情況。（不幸的是，這是一種法律無法防止的人際互動。）

在父母離異的家庭裡，如果其中一方陷入困境，總是感到絕望、痛苦或寂寞，小孩也可能變得過度負責。即使沒有長期和這位家長住在一起，孩子也會為了父母而犧牲自己的需求。有些單親家長會濫用小孩的責任感和合作意願，把他們自己的擔心和憂慮轉嫁給小孩。可悲的是，這種問題不僅限於單親家庭。在雙親家庭裡，如果父母雙方無法討論他們的問題，逼得（尤其是）母親要對小孩傾訴心事，問題也一樣嚴重。這些小孩常常很快培養出一種責任感，不僅要對母親負責，也要對父母的婚姻問題負責。這種壓力自然會對小孩的發展產生負面影響。

大人不成熟或生命空虛，必然會吸引需要被重視和希望配合家長的小孩。從父母的觀點來看，他們和這個小孩的關係似乎愉快而單純。但小孩生活中其他的成人可能會看出問題所在，因為小孩會在其他大人面前表現出來，藉此補償他們從父母那裡得不到的關注。年紀小的孩子會變得愛哭又黏人，比較大的孩子會變得逞強鬥狠。小孩以這種方式巧妙又適切地滿足他們自己的需求。

以上我所描述的家庭狀況，一看就知道具有毀滅性，但我們必須指出，表面上「正常」的家庭，同樣會教養出過度負責的小孩。下面這種情況說明了家長很難理解自己的孩子願意配合大人到什麼程度。

例證

安德魯的爸媽在他三歲時離異。雖然他媽媽對離婚諸多怨言，雙方對兒子還是非常盡責：他們不吵架，而且繼續住在彼此附近，這樣安德魯可以輪流和爸媽同住，也可以繼續和朋友保持聯絡，不必轉學。

這對爸媽都受過良好教育。媽媽對男人不再有幻想，所以一個人住；爸爸即使和其他女性交往，卻選擇獨居，主要是為了安德魯著想。十年之後，安德魯年滿十三歲，他父親開始和一名女性同居。

安德魯不久便跟爸爸的新伴侶漢娜建立起良好的關係。大人擔憂他會因為嫉妒而引發衝突，事實證明沒有。

六個月過去。有天早上，安德魯的媽媽打電話跟前夫說，安德魯決定不再依照原先的安排去爸爸家住。他爸爸聽了很吃驚。他感到被拒絕和內疚，思考了幾個原因：安德魯在嫉妒？他前妻想壞事？安德魯是不是覺得在新環境裡受到忽視？

安德魯和爸媽最後去尋求治療，在諮商過程中，他爸爸說：「安德魯，我想知道你為什麼突然不要跟我住了……我是說，不是那麼願意。」

安德魯顯得猶豫，沉默了一會兒。然後他認真地看著爸爸說：「因為我覺得現在……現在有漢娜照顧你……也許你不需要我常常過來。」這個答案令他爸爸震驚、感動又安心，也準備重新安排安德魯的探視時間。

安德魯的媽媽從諮商一開始就堅持她有權保持沉默，這時卻突然插話說：「可是，安德魯，那你能不能解釋為什麼你突然想去念寄宿學校？」

安德魯又想了好半天，但這一次他的勇氣稍嫌不足。在家庭治療師的鼓勵下，他好不容易才回答：「這樣妳或許也會給自己找個新丈夫。」

⋎

這些自我抹煞、充滿愛和責任感的說法，從一個十三歲的小孩嘴裡說出來，讓我們見識到小孩多麼願意配合父母，對父母多麼有責任感。我們可以由此開始討論單親家長面臨的問題，因為在這種家庭裡，小孩會不由自主地主動去填補父母留下的缺口。

根據我的經驗，單親家長大多很有責任感，但不表示這樣就能避免教養出過度負責的小孩。如果父母在小孩滿十三或十四歲之前離婚，更是難以避免。

單親家長要降低小孩感受到的負擔，可以這麼做：

- 確保小孩身邊有穩定的人際網絡相伴。
- 培養小孩的助人意識而非責任心。
- 盡可能鼓勵小孩跟其他小孩玩耍。
- 直接承認並感激孩子的責任感。

再者，對小孩說，「我知道你擔心我現在有點沮喪，但我可以找人談談，所以我相信情況很快就會好轉。謝謝你的關心！」這樣的解釋遠勝於，「你不用擔心，只要我們有彼此，一切都會好轉的。」

同時要記住，和小孩單獨相處有好的一面，也有不好的一面，小孩會把這種親密和更密切的連結當作一種特權和義務。

要判斷小孩是否覺得他們的過度責任感是一種負擔，或者，換個說法，他們的合作意願會不會破壞他們的完整人格，請留意以下這些跡象：

· 對父母過度體貼，不願意和同儕在一起。
· 很容易陷入衝突和對立。
· 常常忘記履行職責和遵守協議。
· 在幼稚園或學校出現毀滅性或攻擊性的行為。
· 經常頭痛、胃痛、背部和肩膀疼痛。
· 全面叛逆（青春期）。
· 內向、憂鬱和社交退縮。

在我的經驗裡，這些是最常見的跡象，但並不表示沒出現這些跡象的小孩就沒有過度負責，也不表示出現這些跡象的小孩都會過度負責。

過去十年來，過度負責的小孩暴增，特別是在國家危機和戰爭造成家人分離、父親死亡的國家。這種現象非常嚴重，專家和父母不得不佯稱過度負責的小孩長大後就會好了，但我認為這麼說過於樂觀。

例證

卡爾有個年輕的媽媽，從他出生後到五歲為止，母子倆相依為命。卡爾八歲的時候，他媽媽開始和交往了三年的男人同居。她和她男友都受過良好教育，也很喜歡小孩。他們同居的時候就達成共識，應該讓有點過度負責的卡爾「再當個小孩」。

於是兩個大人展開一段刻意、目標導向的教養過程，對於卡爾的睡覺時間、家庭作業和課外活動做出「成年人負責任的決定」，而且他們會「設限」。

三年過去了，卡爾的媽媽決定和男友分手，部分是因為男友對她兒子的看法和教養觀念，老派到她認為不合理的地步。

在這三年期間，卡爾變得體重過重，不管在家裡或學校都變得暴躁易怒。現在又剩下他和母親兩個人了，暴力衝突幾乎天天上演。卡爾憤怒地指控媽媽已經不愛他了。卡爾和媽媽自然都對現狀感到沮喪。直到有人幫助卡爾明白，當他對母親說「妳已經不愛我了」，他真正的意思其實是「我不喜歡妳愛我的方式」，情況很快便獲得改善。

卡爾生活中的大人都很體貼，卻都搞錯了方向。他們忽略了一點，卡爾不是對自己過度負責，而是對母親。因此大人為卡爾負起更多責任，自然對他沒有幫助。

當孩子在小小年紀就承擔太多責任，這種特質很快成為他們人格的一部分，難以說斷就斷。我們或許可以看著這種特質的發展，避免它被誤用和濫用，不過對卡爾這樣的小孩來說，過度負責會成為他們畢生的傾向。日後他們和生命中重要的人也會形成這樣的關係。

卡爾的媽媽和她男友其實可以做兩件事，既能夠協助卡爾，也能幫助他們自己。首先，他們可以盡量專注於處理好他們個別的生活和他們共同的生活，也就是說，他們可以先處理好他們個人的責任。媽媽的生活越快樂，卡爾越能夠放鬆，享受自己的童年。然而，卡爾卻成了他們衝突的原因，並導致他們分手，這個結果終究會使卡爾的責任感加深。

此外，他們可以鼓勵並激發卡爾童稚的一面：非理性、任性、不講理、幼稚、愛玩、直接和情緒的自然流露。

他們想要給他「當小孩的權利」，結果反而是他們自己在「扮演大人」。

而卡爾對媽媽的反應是直接而適切的：「如果妳要用這種方式來愛我，那我不想奉陪了！」

有的小孩表達自我的方式比卡爾更激烈，他們拒絕打掃房間、寫作業、看顧弟妹、幫忙做家事或替大人跑腿，他們陷入更嚴重的困境——除了要為大人的幸福負責，還要被大人批評和責難，說他們不負責任。

當小孩覺得自己過度負責時，卻沒有能力直接反抗。因此他們唯一的辦法是向外逃，出了家門再處理他們的痛苦。有的小孩遭到法院強制處置，有的自願離家，還有許多小孩得到社會的支援，例如學校的心理輔導、進入特殊學校和接受諮商。

老師、治療師和養父母必須瞭解，他們無法「治好」孩子過度的責任感。我無意過度悲觀。但若不做如是想，只會在傷口上灑鹽。

小孩在人生的前五年、十年或十三年壓抑自我，以父母的需求和感情為重，過度責任心已經成為他們認同的核心，他們只學會這種對其他人產生價值的方法。告訴小孩說他們可以克服這種存在的方式，無異於傷害他們的自尊，阻礙社會責任感的發展。事實上，當其他大人取代了父母的角色，滿懷善意要處理孩子的過度責任心，可能會發生下列兩種情況：

一、小孩會把這種新作法當成一種對他個人特質的批評，要不拒絕配合，要不就是變得挑釁、不合作或被動。

二、小孩經過良好訓練的過度責任感會重新被啟動，把另一個大人視為目標。小孩的過度責任感不會減少。唯一的差別是他們被新的外部權威所控制，要遵守另一套要求和期待。

過度責任感的對立面是個人責任感和自尊。大人的任務不是破壞或治療過度責任感，而是強化自尊和自我責任感，以恢復個人責任和社會責任之間的平衡。

這個過程很漫長，需要兩、三年才能啟動，也需要耐性，而且大概會持續一輩子。家長和小孩都需要時間，因為這個適應過程無論對內對外都很吃力，也因為小孩面臨的任務相當艱鉅：重新找回隱藏在生存策略底下的自我。

獨自承擔責任

很多過度負責的小孩覺得他們得為父母負責，甚或為全家人負責，所以他們會主動尋求和父母的連結；做到了，他們會很開心；一旦失敗，他們會很洩氣。

另一種小孩也是單獨在承擔責任。他們通常從很小的年紀就得為自己負責。他們已經認定（不管多麼無意識）家除了食物、棲身之處、衣服和一張床，什麼都給不了他們。

根據我的經驗，這些小孩來自各式各樣的家庭，從極為普通的家庭和看似健康的家庭，到資源匱乏、問題重重的家庭。這些小孩之所以「出走」是因為：沒有得到妥善的照顧或遭受身體虐待；父母的關係問題重重，讓全家人得長期抗戰；家庭欠缺實質的情感中心，每個成員都困在自己的沙漠孤島；父親或母親（通常是母親）有過度的情感需求，卻只能給予極少的回饋。

當孩子尚未成年，他們面臨的主要問題就是年紀太小。傳統不容許我們把小孩視為自給自足、不需要隸屬於任何團體的人。因此我們常常不明白孩子究竟有多大的存在孤獨感，或者我們只是把它當作社會孤寂感，而這種理解會吞噬我們的同情心。一般而言，我們根本看不見這樣的小孩。

許多這樣的小孩在成長過程中並不會特別不快樂，或者他們根本沒有意識到自己的處境。通常要等到成家之後，他們才會發現自己有多麼孤單。他們通常會被人緣好的人給吸引。帶著這種孤獨感長大的人，對於自己難以與伴侶建立親密關係，一開始覺得困惑，後來則會陷入痛苦。

有的小孩在深具毀滅性的家庭成長，因此產生嚴重的心理和社會問題。他們因為自己的孤獨感而沮喪，卻仍然希望並渴望和別人產生連結。打個比喻來說，他們和家人一塊兒晚餐，渴望會有人端菜上桌，儘管他們內心明白什麼人都沒有，也不會有熱騰騰的菜餚。落空的期待和希望使他們陷入痛苦的存在，他們孤單、寂寞，卻是身不由己。

例證

我曾經遇到一個十三歲的男孩，那大概是他第一百次從收養機構逃跑。他在寒冬時節失蹤了一個月左右，全靠破門闖入別人的避暑別墅，尋得一些食物和棲身之處，才能活下來。

我遇見他時，他剛被警察帶回收養機構。

我們談論他絕望的處境，我有點笨拙地試著描述他和雙親充滿挫折的關係，他父母都有酗酒和濫用處方藥的問題。

「嗯，」他過了一會兒才說，「我想我明白你的意思。就像那些避暑別墅。我闖進一棟屋子找吃的，如果沒東西吃，就真的很討厭。我會把冰箱或垃圾桶踢倒，再到隔壁的屋子下手。有一天，我走進一棟大房子，裡面有酒窖什麼的。看得出來屋主很有錢，我以為自己走運了。不過你一定不相信：地窖裡有兩個房間，一間是食物儲藏室，一間是酒窖，但兩個房間都有鐵柵門，柵門還上了大鎖，我沒有任何工具可以破門而入。

「你一定不相信，我在那裡坐了一整夜，瞪著所有我拿不到的食物。你覺得我有力氣再闖進下一棟別墅嗎？不，我他媽的辦不到。我只是坐在那裡哭，像個白痴一樣……你說的是這個意思嗎？」

對，我就是這個意思。

我們必須瞭解這些孩子的本質，因為他們需要的幫助和關心，和其他小孩及青少年完全不同。大人的智慧和經驗對他們沒有益處；他們往往抗拒身體的接觸。他們從不求助。他們會自己想辦法，或者要求一些服務和物質協助。你以為自己和他們建立了關係，但很快就會發現自己不過是「另一個大人」。他們對所謂教學策略和指導免疫；對他們來說，社會和其他社群一樣，是抽象的概念。他們一直為自己負責，但他們幾乎沒有察覺到自己的需求，也沒有所謂的社會責任感。

要幫助這些孩子有兩個條件。首先，孩子必須瞭解自己實際上沒有父母照料，得獨自為自己的人生負責。這不表示他們必須和父母衝突或決裂，而是他們要面對一個事實：諸如責任、關懷、信任感和穩定的情感連結這些正常童年不可或缺的要件，在他們家裡並不存在。當孩子面對這些事實，起初或許會覺得鬆了一口氣，接著則會陷入悲傷，需要時間才能走出來。唯有經歷這個過程以後，小孩才能體會到自由，讓他們得以為自己的人生負責。許多大人很難讓小孩面對這樣的失落。他們常常不忍看到小孩陷入這樣徹底的孤獨處境。

下一步比較簡單：揚棄我們對傳統教育理論和教養子女的多數理解。我們必須避免扮演幫助者的角色，改用這些小孩的方式和他們打交道。意思是，我們不能自認為知道怎麼做對他們最好；我們必須有足夠的尊重及耐心，讓他們自己去嘗試和想辦法。我們必須謹記，我們和他們的連結不會也不可能彌補他們和父母的關係缺陷。此外，我們必須願意承認自己的不確定感和無助。我們必須從謙卑的角度出發，相信所有人的尊嚴對等。這些小孩跟所有小孩一樣，他們可以自己做很多事，但我們不應該讓他們獨自面對。

這些小孩有不少（沒有受到父母或社會嚴重的虐待）表現得很好。他們習慣了孤獨和恐懼。此外，他們沒有被破壞的原始「自我」往往完整無損。他們必須和內心深處的自我連結，才能發展出個人責任感和社會責任感。社會適應（social adjustment）從來不曾抒解任何人存在的痛苦，頂多只能提供臨時的保護，避免進入新環境所必然產生的痛苦。

家長的權力

不久之前，我在南歐工作時聽到兩位母親討論她們如何教養小孩。其中一位母親非常煩惱，因為她十八歲的兒子被指控連續偷竊，必須出庭受審。

向朋友描述事情的經過以後，這個母親說：「我實在搞不懂！他一直乖乖上學，是個可愛的孩子。他很能幫忙，勤奮又努力，在班上總是名列前茅。所以我們給他很多自由……只要能力所及，不管那孩子要什麼，我們從來不曾拒絕。如果他晚上想去夜店，他就去。不管他做什麼，我們都允許，因為他又乖又懂事。」

過了一會兒，話題轉到她十五歲的女兒，同一個母親說：「沒錯，我想我對待她的方式不對，但我也沒辦法。現在不管她要做什麼，我們都不准。我要她乖乖待在家裡，因為我擔心她可能交上壞朋友……她當然會抗議，我這樣管她恐怕不妥，但我實在沒辦法。一個做母親的能怎麼辦呢？」

這位母親感到絕望和困惑。她對「為所當為」的信仰已經動搖。難道她教養兒子和女兒的方法錯了？數以萬計的幫派份子、吸毒者、罪犯和自殺或自殺未遂的青少年的家長們，每天都在問自己同樣的問題。這些父母有著沉重的無力感，無論他們必須為孩子做的決定是大是小，他們都忍不住懷疑：「這麼做是對的嗎？我們做的夠不夠好？」

大概沒有人會懷疑父母有管教小孩的權力，而負責任的父母在日常生活中或發生重大衝突時，都會行使這個權力。同樣的，大人在家庭以外的地方也有權力，而這種權力的行使必須服從社會的各種法律。

父母針對服裝、婚姻、宗教、肢體力量的使用等問題採取權力的方法，因文化不同而有差異。被迫逃到另一個文化或選擇移民國外的父母，經常發現在祖國覺得理所當然的習慣，現在受到了質疑。如果是道德觀容不下任何模糊空間的人，很難遷居到人口較多樣化、道德沒那麼黑白分明的國家。這種衝突可能給父母帶來痛苦，從而對全家人的生活產生重大的影響。

我們也都知道，許多家長和成年人，基於意識型態和心理的原因，誤用了他們支配小孩的權力。幸好在資訊豐富且民主的社會，這種行為逐漸減少。在學校和其他機構，這種行為也在某種程度上逐漸退潮了。

相較於這種赤裸裸的權力，我更擔心的是比較微妙的權力展現方式。我想討論小孩和大人之間不可避免的權力平衡，從而提出一些方針，讓大人為他們支配小孩的方式負起責任。我認為這些方針構成一個倫理原則。對於如何教養小孩的討論，傳統上是以道德為基礎，但從心理健康的角度來看，這樣的倫理原則要比大多數的道德觀念更重要。

我不是要控訴某些父母，也不是要指出他們的犯罪證據。我希望討論我們如何為孩子的發展和命運分擔責任。接受這份共同的責任，自然表示共擔罪責。這個原則也適用在成人的感情關係上。（也普遍適用於我們和其他人的關係，不過在家庭裡，其後果特別明顯和重要。）

家庭成員的互動

在進行家庭治療時，我們在解釋何謂互動時，提到家庭內部（或伴侶之間）的互動過程具有三種特質。有時家庭成員之間的互動會帶來建設性和活力，有些時候可能會產生毀滅性，有時則事倍功半。或者，用比較診斷式的話來說，家庭內部的互動不外是：

- 治療症狀，例如治療在原生家庭學到的自毀行為
- 創造症狀
- 維持和強化症狀

大多數家庭裡的互動自然包含上述三種特質；在家庭的發展過程中，這三種特質在不同時候會占不同的比重。無論父母感覺多麼無力，這是他們真正的力量。

家庭的成敗取決於家人互動的品質。家庭經營的好壞，要看所有家庭成員的互動，而不是某個個人的行動。

大多數人都知道，互動指的不只是可以直接從表情和動作上看到的，以及在語言和聲調中聽到的，還包括從態度、感受、衝突和我們個人理解中可以讀出的弦外之音。在家庭治療中，我們會把內容和過程分開；前者是指我們**做什麼**和**說什麼**，後者是我們**怎麼做**和**怎麼說**。傳統上我們相信內容（我們說什麼和做什麼）最重要。這是不對的。當內容和過程一致時，這兩個因素一樣重要。若非如此，則過程比內容重要。

在多數人生長的家庭裡，父母都相信他們對我們說的話，也就是他們給我們的道德守則和他們為我們的行為制定的規矩，決定了教養的品質。如果他們具備高道德標準，他們一定會確保自己遵守為孩子制定的這些規矩。

或許父母察覺到他們的態度和行為偶爾會出現矛盾，例如父親對兒子大吼說：「別再吼了！」他們會為這種言行不一感到懊悔。或許他們擔心自己教不好兒女。他們也知道夫妻關係的好壞，攸關小孩的成長。如果父親酗酒或母親竊盜，或者父母老是吵架，小孩很可能沒辦法順利成長，而且／或者會變得難以控制。

這些父母沒有察覺到的是，儘管他們立意良善，但教養過程的品質才是決定成敗的關鍵。他們只知道必須「做對的事」，而且一旦做不到，問題一定是出在小孩或小孩的朋友身上。或者這也許是上帝的旨意，要考驗或教導他們。當做父母的質疑自己的努力時，他們會問自己：「我是不是不夠嚴格？我是不是應該早一點看出問題，並加以干涉？」就像那個十八歲兒子的母親，她思考自己做了什麼或沒做什麼，而不去想她是怎麼做的。

在兩個對等成人的感情關係裡，雙方要為互動的品質負起對等的責任。不過就大人和小孩的互動品質而言，大人要負百分之百的責任。這個原則適用於小孩和父母的互動，也適用於幼稚園、托兒所、學校和社會上成年人和小孩的互動。

我說大人必須為雙方的互動負責，意思不是他們必須站在小孩那一邊。我的意思是，在和大人互動的過程中，即便孩童和青少年也會對過程產生影響，但他們沒有能力承擔責任。當小孩必須為互動關係負責時，他們就無法健康地發展。小孩需要大人的帶領。

近來我們開始瞭解小孩成長過程中有哪些不可或缺的要素。問題是，身為大人，我們影響這個過程的方式，在很大的程度上並非我們自己所能控制。這種影響是透過我們的個性（我們和自己以及和別人之間有意識和無意識的衝突）；透過我們所忽略或壓抑的感受和心情（我們自己沒有察覺到的心情變化）；也透過我們想要做對事情的欲望，以及擔心做錯事情的恐懼。以上這些還只是其中幾個因素。

這就是我們支配兒女的力量。不管他們有哪些與生俱來的特質，我們所支配的這個互動過程決定了他們的發展和生活品質，直到他們長大成人，取而代之。

換句話說，具備高道德標準並努力「做對的事」，並不如我們的父母和祖父母所相信的那樣，可以保證我們的小孩順利成長。**我們必須把父母可以「做對的事」這樣的觀念全盤捨棄。**

反之，我們必須為父母和小孩的關係發展出一套倫理守則。我們要留意我們免不了會犯的錯誤，並承擔責任。唯有這樣做才能給孩子自由，讓他們健康地發展。有人可以幫助我們這麼做——正是我們的孩子，因為每次我們陷入困境時，他們都會給予我們適當的反饋。

讓我們回頭談談那位憂慮的母親和她的困境，她兒子因為幾件偷竊案正等著出庭受審。她和丈夫是依照傳統的方式教養小孩：如果兒子表現良好，就應該得到讚賞和獎勵，否則就做出處罰，並限制他的自由。

在這個家庭所處的文化中，父母對他們和小孩互動的內容毫不懷疑：重點就是教小孩在學校乖巧、勤奮、成績好，並且在其他方面乖乖聽父母的話。最好讓小孩適應並接受外部控制。如果教養的內容和教養的過程和諧，也就是說如果兒子「良好的行為」正好反映出他對自己很滿意，那麼他會成為一個崇拜母親，星期天吃午飯時和父親愉快地喝上一、兩杯的好青年。

結果並非如此。他們的互動過程少了一個重要元素：強調孩子的成就，卻忘記了他的「存在」。（其實他們沒有忘記，只是忽略其重要性。由於他們都算成功的人，便以為社會成功會自動帶來存在的滿足。）在這種案例裡，以外在的理想來教養兒女成了一件危險的事。因此這個男孩儘管成績優異，卻自尊低落、缺乏自我責任感，並且渴望得到社會認同，什麼樣的認同都好，只要和他父母不一樣就行了。他遲早會交上壞朋友，他們會以他父母的方式來支配他：我們做什麼你就做什麼，這樣你才是我們的一分子，否則就把你排除在外！

而這個母親認為，即使她用相反的方式來管教女兒，她的情況也不會好到哪兒去，這一點說得沒錯。在他們的文化裡，女兒極可能讓自己的功課退步、和爸媽吵架，或是未婚懷孕，好早早離開家。

對於好與壞的過程，小孩都會配合：他們的心理不容許他們區隔兩者。隨著他們的意識、語言和價值觀的發展，他們漸漸能夠抗拒父母具毀滅性的行為。即便如此，這種行為還是會造成強烈影響，成為他們人格的一部分。

因此，當小孩開始出現毀滅或自毀式的行為（視他們對父母是直接合作還是反向合作），對於他們的處境，我們可以確定三件事：

一、他們的毀滅／自毀式行為並非源自他們本身，永遠是源自他們生活中的成人。

二、大人通常沒有意識到他們自己的毀滅／自毀式行為，因此無可怪罪。

三、即使父母能夠指出是最近生活中的哪件事激起孩子的毀滅／自毀式行為，但這種行為通常已經發展了好幾年。（嬰兒的反應往往比較立即。）

我們不可能放棄身為成年人的權力，但我們也不可能毫無限制地使用這種權力，原因有二：我們對自己瞭解太少，而且每個小孩都不一樣。通常要等小孩離家多年以後，我們才有辦法瞭解我們的孩子和我們自己是什麼樣的人。

負責任地使用權力

針對小孩的生理、經濟和社會幸福，家長如何負責任地行使權力？我們都同意家長有權使用肢體力量來阻止一個三歲小孩跑到馬路中央，或是帶生病的小孩去看醫師。同樣的，家長必須顧及家庭整體的經濟狀況，為未來預作安排，因此有時候父母必須運用他們的經濟權力。同樣的，家長也必須決定要不要把孩子送到托兒所，小孩應該上哪一所學校，以這種方式發揮他們的社會權力。*

當家長的責任和小孩的個人責任產生競爭，或完全將其壓倒時，衝突便開始發生。傳統上這些衝突包括食物、睡眠、學校、服裝、家庭作業、零用錢和起床時間等等問題。另外，還有「灰色地帶」的問題，像是打掃、個人清潔，以及孩子得花多少時間陪伴叔叔爺爺奶奶等家族成員。在這個灰色地帶裡，小孩的個人責任一旦和父母對家長責任的看法起了衝突，就必須提出來討論和協商。

當家長的責任和小孩的個人責任牴觸時，父母應該如何處理這種衝突？我接下來要探討幾個例子，並提出作法和可能的結果。我的目標是建立起某些標準，供家庭內部產生問題時使用，這對親子都是有益的。

我們先來談一個常見的衝突：爸媽早上應該叫孩子起床，還是讓他們自己醒來？答案是五歲以上的小孩可以自己起床。然而，在大多數的家庭裡，小孩越大，越需要人家叫他起床。為什麼？

原因有兩個。首先，許多父母的立場矛盾：他們會叫小孩起床，同時又告訴小孩他們應該自己起床。其次，小孩變得無法自立又依賴，其實是在配合家長。

在這個例子裡，個人責任碰上了家長責任。顯然小孩應該負起自行起床上學的個人責任。但另一方面，如果小孩上學遲到，責任又落在家長身上。家長能怎麼辦呢？答案很簡單。採用最適合你的作法。如果你可以心平氣和、笑容滿面地叫孩子起床，而他們也真的起床了，那無論如何請繼續下去。

反過來說，如果你辦不到，那聰明的作法是就此打住。如果你必須叫三次、四次或七次，小孩才會起床，而你因此變得脾氣暴躁、壓力沉重、一大早就不愉快，這表示你收到我先前說的那種訊號。你的家庭顯示器告訴你，你陷入了「毀滅性衝突」：這種衝突以越來越規律的方式不斷上演，衝突雙方的對話變得越來越負面，全是批評、責難、指控、辱罵和反諷。

---

*編按：社會權力是指社會關係中的成員所具有的增進或改變其他成員的行為的能力。

當彼此的互動朝負面發展，代表家長逾越了他們自己的界限。他們已經放棄了自己的個人責任，背負起屬於小孩的責任。真正的問題不是小孩能否自己起床上學。如果得自行負責，小孩一開始大概會睡過頭幾次，甚至試圖把責任丟給父母，但這個階段很快就會過去。真正的問題是，當父母選擇承擔起實際上屬於小孩的責任，他們就要為後來產生的衝突負責。他們有義務把責任交還給小孩。

在這個關頭，許多父母很容易做出非常不負責任的事：把衝突怪在小孩頭上。這種情況應該如何處理？如果父母選擇負起責任，同時給小孩一個如何承擔個人責任的模範，那就得和小孩一起坐下來，說一番類似這樣的話：

「聽好。在你還小的時候，我們覺得早上叫你起床是好事，所以我們承擔了確保你起床的責任。但現在我們不這麼想了。事實上，我們幾乎每天都在發脾氣。所以現在我們決定把這個責任交還給你。如果你偶爾太晚上床，擔心聽不到鬧鐘，那只要告訴我們，我們會幫忙提醒你。否則從現在開始，你必須確保自己每天準時起床。」

透過這樣的對話，父母以關心但明確的方式，把責任交還給小孩。沒有人受到責備。父母也為小孩立下了良好的模範。最重要的是，他們免除了毀滅性的過程，代之以建設性的過程，這種作法會對小孩的未來產生重大影響，遠非上學遲到幾次所能比擬。

如果父母想要孩子在適當的時間自己上床睡覺（也是經常出現不同意見的地方），同樣可以套用相同的模式。小孩完全有能力控制自己的睡覺時間。他們會和父母親一樣：大多時候都有足夠的睡眠，有時則因為忙於重要工作、玩樂或看電視而睡眠不足。

我的意思不是說，父母就應該讓小孩做決定。不管父母選擇讓小孩在某個時間上床睡覺是因為自己想安靜一下，還是因為他們要確保小孩得到充足的休息，或是出於其他不同的原因，父母確實可以使用他們的權力，並執行他們身為家長的責任。

在這個例子裡，如果雙方的互動出現不好的發展，也是父母要承擔責任。當睡覺時間的問題開始造成毀滅性的衝突，他們必須改變他們的決定或態度。父母必須承擔責任，因為這種衝突對小孩健康的傷害遠超過少睡幾個小時。記住，過程比內容重要，互動的品質重於方法。

家長必須區分什麼是毀滅性衝突，什麼是一般性的衝突（只是家長和小孩想要的不一樣）。後面這種類型的衝突並非不健康的。小孩常說：「噢，為什麼不能晚一點睡覺？」這麼說顯示小孩本身和家庭都是健康的。這表示家長一直很願意接受這種請求，他們沒有創造出禁止提出這種問題的氛圍。家長可以自行決定好或不好，或者可以根據當下的情況達成某種協議。

如果小孩一開始採取比較防衛性的態度：「噢，為什麼我總是得這麼早上床睡覺？」那麼父母的答案應該是：「因為我要你早點睡覺！」（別忘了父母親要承擔責任。）或者家長和小孩可以達成協議。但父母不應該說：「因為你累了，而且明天早上要起床。」接替小孩的個人責任是一回事，但控制並界定他的需求和感受，又是另外一回事。

小孩經常察覺到他們想做什麼，但沒有意識到他們需要什麼，這不表示家長一定知道他們的小孩需要什麼。因此如果小孩說：「對，但我一點都不想睡！」父母的回答是：「嗯，我可以理解你現在覺得很討厭，但我還是要你上床睡覺。」即使小孩生氣或垂頭喪氣，父母還是可以這樣說。

為了互動的品質，大人必須承擔起自己的責任，也絕不能從衝突中退卻。衝突本身並不會危及家庭的健康。危險的是衝突如何發生。

我們來思考另一個經常發生衝突的領域：家庭作業。我們要詳細檢視這個課題，找出影響互動過程的因素。

小孩上學三、四年以後，許多家長對孩子的學業開始沒那麼關注。這時候他們會變回自動式家長答錄機，說出像這樣的話：

「你今天在學校順利嗎？」

「明天有沒有作業要交？沒有？我覺得你好像從來沒有家庭作業。真的沒有嗎？」

原先的興趣變成了控制，從父母的語調、表情和肢體語言就看得出來。這個過程是從熱情轉為冷淡，從連結變成疏離。控制使人不負責任，距離使人漠不關心。

至於接下來會發生什麼事，則取決於環境。如果小孩喜歡上學，把家庭作業當成一份寶貴的職責，那就不會有什麼問題。否則的話，很可能日復一日在寫作業的問題上發生衝突。小孩可能會說善意的謊言、欺騙，然後父母就會接到老師的通知。

家庭作業也會讓父母陷入困境。老師似乎認定，完成家庭作業是家長的責任。這種想法既不合邏輯，也不適當，而且讓小孩和父母陷入為難。有的小孩和父母學會如何處理這種情況，而且合作無間。但也有許多人不知如何是好。

邏輯上，家庭作業是學生和老師之間的事。父母應該隨時關注小孩的作業，在必要時提供協助。這種互動是讓孩子發展自我責任感（為自己的學業）和社會責任感（對老師的責任）的好機會，一旦衝突發生，父母可以介入小孩和老師之間，實踐他們的家長責任。不幸的是，父母反而被視為老師這個角色的延伸。

除非這種問題有所改變，否則父母和小孩會繼續因為家庭作業而產生毀滅性的衝突。一旦發生這種情況，應該運用我前面描述的讓小孩自己起床的策略：把責任交還給小孩。

如果父母已經督導孩子的家庭作業一段時間了，這段過渡期可能令雙方都不好受。小孩很難重新負起他的責任，要大人不再控制也很難。但事情就這麼發生了！到了某一天，父母便可以用不會引起小孩不快的方式，表達真正的關心。然後又到了某一天，奇蹟真的發生了，你問十二歲的兒子隔天是不是有很多作業要交，他回答：「對，有一大堆！但我決定到碼頭釣魚。這種天氣正適合釣魚！」

當這一天來臨，問題便已經解決了。孩子已經恢復了他的自我責任感，只是偶爾會把他的快樂看得比責任重要，但他可以坦白表達出來，不必欺騙或撒謊。許多家長會覺得難以忍受，很想吐出可怕的警告，像是畢業後很難找工作之類的。但我建議家長要感到慶幸！只要想想孩子一生中要面對多少別人的期待和要求？在那些漫長的歲月裡釣幾次魚，不至於讓孩子變成流浪漢或失敗者。

學校或許不認同這一點，還會責怪你支持孩子不寫作業，這時候你要提醒自己，學校擁有的是大量的知識，但未必是智慧。

父母必須讓小孩承擔責任，這樣才算是主動負起父母的職責，而不是在面對沒完沒了的衝突時兩手一攤，被動地放棄。這種主動的責任感可以免去毀滅性的衝突，而放棄（「說什麼都沒用！」）只會降低衝突發生的次數。

父母每天都要針對各種大小事情，在許多不同的場合，行使他們的權力。這麼做是必要的。在青春期之前，小孩需要的父母是：有勇氣負起領導的責任，能夠根據他們比較廣博的知識、見解和經驗，擔任小孩的練習對手、決策者和權力執行者。

所有這些決定，無論大小，都會對小孩產生影響，小孩也會以口頭、情緒或肢體的方式回應。他們會變得快樂、不快樂、憤怒、受傷和高興；他們會不認同，也會批評；簡而言之，他們會出現各式各樣的精神和情緒反應。如果我們運氣好，和小孩的關係也好，我們會得到自然流露、個人化的反饋，讓我們知道自己和他們站在同一陣線。

舊式的家父長制家庭容許所謂的正面反應，負面反應則遭到禁止。某些感覺之所以被形容成「負面」，是因為環境的不認同，而非產生這些感覺的人有什麼不好。但現在我們知道，唯有感覺沒有被表達出來，才是不好的。

若根據傳統，小孩面對父母行使權力時所產生的負面反應，不是被壓抑就是遭到譴責或批評。這會產生兩種後果：父母成功地壓抑衝突，讓小孩喪失了自尊，變得唯命是從；或者等到小孩年紀稍長，開始以爆炸性的方式把這些壓抑多年的反應表達出來，造成更多負面反應。

孩童和青少年自然流露的反應，最接近他們完整的人格和性格，是他們的存在本身的真實表現。因此若大人以批判的方式來回應孩子的自我表達，對小孩的完整性是一種侵犯。

我們可以運用經濟、生理和社會權力，來滿足或拒絕小孩的需求，可是當我們運用我們的權力來決定他們的反應和感受是「錯」的，就是在濫用權力。即便身為父母，也沒有權利侵犯生命本身。這個原則也可以套用在我們和其他成年人的關係。

如果一個小孩因為得不到想要的東西，變得生氣又激動，想想為人父母者的反應：「別再說了，否則我一定讓你好看！」（在這種說法最原始的版本中，會加上幾個巴掌和禁令。）

「聽好了，我不喜歡你這樣生氣。對不起，但我說不行就不行。說什麼我都不會接受。」（這種反應最先進的版本是：「噢，親愛的！我不知道這對你這麼重要。你可以說說看為什麼你覺得這麼重要嗎？」）

不管大人或小孩，都不喜歡因為表現出自己的感覺而受到不明就裡的譴責。小孩和大人唯一的差別，是小孩有好幾年的時間，一直以為世界是為他們而創造的，而且他們的父母無所不能，完美無缺。要不了多久，他們就會學到事實並非如此，但用不著在這個過程中貶低他們。

第六章

界限

小孩和大人一樣，如果不斷遇到規則的阻礙，
常常會覺得自己渺小、不負責任、犯錯、愚蠢，
而且需要矯正。
當小孩覺得受到尊重，
他們的合作意願會高得多。

歷來家長對於如何讓小孩尊重家庭對個人行為和個人表達設下的界限，一直深感困擾，現在的父母也不例外。事實上，如今要對孩子設限，恐怕比我們父母和祖父母當年更困難。在「昔日的美好時光」裡，界限等同於家庭的內規，由大人界定，小孩必須遵守。這些規定常常和社會的界限一致。不過當社會越來越多樣性，家庭和社會界限的差距擴大，界限的設定勢必更為困難。

然而，從另一個角度來看，今日父母設限的難度和多年前沒什麼不同，因為界限往往是以侵犯小孩完整人格的方法實施。**因此小孩學到的不是尊重別人的完整人格，而是害怕他們的權力。**

過去三十年來，兒童和青少年的集體意識升高。他們對權威不再那麼害怕和遵從，於是又往「以對等尊嚴為基礎的親子關係」這個目標邁進了一步。由此來看，設限的傳統概念已經過時了。大人當然照樣可以對孩子強加限制，但這麼做表示他們必須濫用權力，或是操弄小孩對於和他們信任且依賴的大人合作的欲望。

過去我們認為小孩需要界限／限制才會有安全感，對於這個舊觀念我不加以批評。正如同每個家庭都需要幾項規定才能順暢地運作。我希望各位想想的是，界限應該不只是「一體適用」的一套規矩。

個人界限

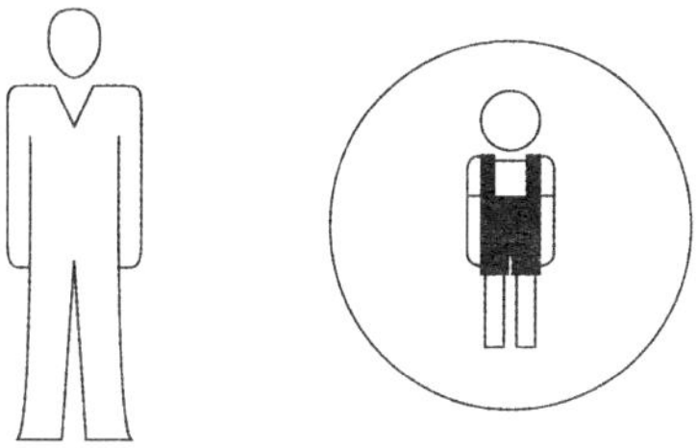

過去

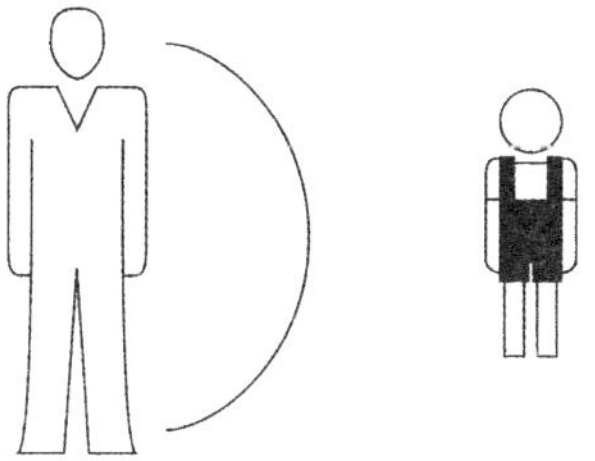

現在

以前是大人對小孩設限，就像在小孩周圍豎起一圈圍籬。

然而，現在我建議大人設定他們的個人界限，清楚界定他們是什麼樣的人。

沒有一套普遍適用的規則。和孩子互動時，大人必須學習建立個別且個人的界限。換句話說，大人必須訴諸他們的個人理由，而非權威的力量。倘若你是生長在尊重完整人格的家庭，這個任務會很簡單。沒那麼幸運的人，也就是多年來一直壓抑自己的想法和感覺的人，不論是在親子關係還是和其他成人的感情關係中，都必須練習發展個人責任感，以個人語言來表達。

拋棄角色

直到不久前，人們還覺得大人為小孩扮演各種不同的角色是天經地義的事，這些角色包括父親、母親、老師、祖母等等。每個角色都有各自的態度、肢體語言和用詞，當然也會受到每個人的個性和社會刻板印象所影響。

今日自由社會的小孩，對這些成人角色的尊敬有限。容我直言，孩子和成人是對等的這件事，孩子的接受速度遠大於成人。我認為無論就家長和小孩，或者他們相互的關係，這種發展都是好的。

不過處在這個轉變的過渡期，小孩欠缺我們過去所謂的尊重，因而產生了一些嚴重的衝突；在女性開始堅持要獲得對等尊重時，兩性之間也經常出現這種衝突。在某些家庭，大人和小孩之間的權力爭奪進行得如火如荼；在一些家庭裡，家長已經徹底放棄，就算偶爾想得到孩子的尊敬，似乎也是白費力氣。還有更多家庭正在應付行為偏差或有問題的小孩。

這些家庭要怎麼做呢？就我的觀點，所有的小孩，不管他們是否在追尋個人界限的過程中表達出任何訊息，都必須得到大人的尊重。父母不能任意侵犯小孩的完整人格、自尊或自我責任感。而有時候父母必須採用一種看似反其道而行的作法。如果小孩要界限，父母理當給他們設下界限；也就是說，父母應該擁抱他們傳統、權威的「母親」和「父親」的角色。不過我建議最好採取另一種作法。我建議家長拋棄這些角色，轉而建立他們的個人權威。

這並不容易做到。家長需要時間才能卸下他們的措詞和語氣中防衛性的不滿、責難和批評，特別是當他們覺得小孩好像一直在考驗他們的耐心。由於這一點本來就不容易做到，於是有些家長採取一個看起來比較簡單，也符合他們典型角色的解決辦法：以某些現代的協商技巧和教育理論，加強他們作為家庭絕對權威的角色。這是個危險的解決辦法。把大人的自尊和虛榮混為一談，也把小孩對溫暖和接觸的需求，以及對規矩和秩序的需求，劃上等號。

有的家長很不願意放下他們的傳統角色，因為這麼做感覺像是放棄了某種寶貴的東西，特別是當這個角色成了他們的避難所，可以證明他們作為負責任的成人的價值。對這些父母而言，要當個真正且慈愛的一家之長，唯一的方式就是訴諸權威。一旦放下這個角色，他們便陷入一段嚴重的徬徨期；他們覺得自己赤裸裸的、毫無遮蔽，彷彿他們承擔不起身為家長的責任。然而，小孩常常會因此覺得比較自在，事實上，他們會成長得更好，因為他們的父母顯得比較真實了。

要展開這個放下角色的過程，請先聽聽傳統的父母在小孩出現不同問題時怎麼說。然後再問你自己：

- 我真的這麼想嗎？或者我想的是其他事情？
- 根據經驗，我所說的話有幾分是我真的同意的？
- 我的說法有哪些是不必要的？是我從父母那裡學來的嗎？
- 我爸媽當年說了傷害我的話，我是不是也經常對小孩這麼說？
- 我的所言所行，有多少是出自對伴侶的忠誠？
- 我說的話有哪些是因為聽到老師或其他大人這麼說才說的？

花幾天時間觀察你的小孩，聽聽他們談論他們的生活。然後問你自己：

・我是否在他們眼中看到一絲痛苦？
・他們什麼時候會抬起下巴，捍衛自己？
・他們什麼時候會因為憤怒和反抗而弓起背？
・他們什麼時候會顯得緊繃和激動？
・他們什麼時候會變得眼神清澈，身體也跟著放鬆？
・他們什麼時候會覺得快樂而安全？
・他們什麼時候會看起來像是剛剛打了一場勝仗？
・他們哭的時候究竟是出於自然的沮喪，還是情緒上的痛苦？

只要父母問自己這些問題，大多會明白他們的孩子有兩面：實際存在的孩子，以及存在他們心裡的孩子。把兩者加以比較，判斷你對教養先入為主的想法是否和你從孩子那得到的資訊相符？跟你的小孩、伴侶和朋友談談。然後，再問你自己：

・我在別人心目中是什麼樣子？
・他們怎麼看我？

・我怎麼看待我自己？
・我的意見和態度從何而來？
・哪些意見和態度代表我真正的價值觀，哪些又是我應該捨棄的？
・如果我改變了我的意見和態度，我會有多擔心別人的反應？
・我敢不敢獨排眾議，還是寧願配合他人？
・我最近說了什麼讓人覺得奇怪、受傷或不必要的話？我自己也這麼認為嗎？

我們無法馬上拋棄我們的角色，也不必這麼做。慢慢來。當父母開始認真對待小孩，孩子會感覺得到，也會以同樣的速度改變他們的行為，以作為回應。即便父母只是因為要小孩「守規矩」才改變作法，小孩也會注意到他們的行為變化。但如果父母不真誠，如果他們做這些改變只是「為了小孩著想」，那小孩就會重回原來的行為。

設限

我們大多希望對小孩設下兩種限制。

第一種限制相當固定，第二種限制會隨著我們的心情而改變。固定的界限說也說不完，因為其中包括幾乎所有父母都認為可以豐富或保護小孩生活的項目：

「我要你先脫鞋子再進客廳。」

「我要你上床睡覺前把玩具收好。」

「我要你跟我一起上教堂，直到你年紀夠大可以自行決定要信仰什麼。」

「我要幫你篩選你要看的電視節目。」

在設下這些限制的時候，最好使用個人語言（「我要……」），而不要訴諸絕對的用詞，例如：「你不能穿著鞋子進客廳」、「你這個年紀不能什麼節目都看」。之所以要使用個人語言，有幾個原因。用個人化的方式來表達規則，而非將其當作「真理」或規定來宣示，對小孩比較有意義，如此一來小孩對界限及表達界限的人也會尊敬得多。小孩和大人一樣，如果不斷遇到規則的阻礙，常常會覺得自己渺小、不負責任、犯錯、愚蠢，而且需要矯正。當小孩覺得受到尊重，他們的合作意願會高得多。

第二種是個人及特殊的限制：

「我不要你現在彈鋼琴，我想靜一靜。」

「我等一下會唸故事給你聽，但現在我想先跟你媽談談。」

「今天我要一個人泡澡。」

「我不要你坐在我的大腿上。你得到別的地方坐。」

「我不要你拿我書架上的書。」

「我有時候會希望自己一個人獨處！」

「我今天不想讓你玩我的化妝品。」

同樣的，以個人語言傳達訊息。表達出來的情緒反而沒那麼重要。話語可以傷害我們，真正的情緒不會。為人父母者大可以表達悲傷、憤怒、率性、幽默或惱怒。如果父母坦白說出拒絕的話，有時讓小孩覺得「被拒絕」也不要緊。這樣他們才會學到，不是每次都可以得到他們想要的，而且個人是存在於家庭生活中。換句話說，家裡的其他人也有他們自己個人的需求。

我們之所以不該羞於以個人語言來表達我們真正的感覺，還有另一個原因：性格、感覺和情緒的起落是我們的一部分。因此和這些特質有關的訊息是正當的，也是好的。語言可以設定界限；表達感受可以維持溫暖的連結。我們常常忘記溫暖的關係有兩個要素：把我們連結在一起的要素，以及造成摩擦的要素。兩者都存在於當下，兩者也同樣溫暖。

唯有真正的個人語言才管用。如果個人語言別有用意，或有其他目的，或只是語言的詐術，例如只是把「你」換成「我」，那便失去了作用。如果父母來自禁止使用個人語言或認為個人語言不好的家庭，他們需要時間去重新發現這種表達方式，不過這樣的努力是值得的。它對於拯救我們和小孩的關係，以及我們和配偶、父母、同事、上司以及和我們自己的關係，都是一件無價的利器。

父母和大人設下個人界限，主要是在保護自己的需求。這麼做的同時如果可以不侵犯孩子的需求，對家庭的互動會很有幫助。所謂設下適當的個人界限，除了要對生活的多樣性有基本的尊重，也必須謹慎實踐。小孩不只是透過道德戒律來學習對人的尊重和體諒，他們也學到行為要如何依循倫理，並具有同理心。在這個學習的過程中，他們常常受到挫折，但不要緊。挫折是學習不可或缺的一部分。

然而，我們都知道，沒有人是完美的。我們未必總是能夠實現自己的善意。我們不一定都能避免侵犯彼此的界限，也不可避免地會互相傷害和出醜。這是身為人和家庭一份子所難免的。但這樣的侵犯對小孩無傷，除非其中帶有自以為是和怪罪的意味。

當設限出了錯

我說過家庭的基本問題之一，是父母和其他大人總是以侵犯小孩完整人格的方式強加界限。這一點對大人和小孩都造成一個問題：大人未必能得到他們想要的尊重，而孩子則陷入父母表面上宣稱的價值觀和他們的實際行為之間的矛盾。

舉例而言，兩歲的彼得陪爸媽拜訪好友。彼得的父母通常不會帶任何玩具給兒子玩。大人期待他就靜靜坐著。到了朋友家一會兒之後，他們允許彼得自己到處走走。彼得看到廚房餐桌上擺了一把槌子，便想要拿起來。他爸媽馬上反應：「彼得，不准拿！」她媽媽說。他爸爸接著說：「彼得！聽你媽的話。放下！你不能玩大人的工具。」

每個家庭都會發生這種事。唯一不同的是，小孩的完整人格被侵犯的程度。

「你不准玩那把槌子，彼得！要我跟你說多少次？」（意思是，你怎麼這麼笨。）

「你不准玩那把槌子，彼得！你什麼時候才會懂得聽話？」（意思是，你對世界的好奇心代表對父母的不忠！）

「你不准玩那把槌子，彼得！你長大了，應該懂事，對吧？」（意思是，你是個小笨蛋！）

彼得很可能聽到了他們的話，可是他完全被吸引住，拿著槌子晃來晃去，朝他爸爸走過去。當他把槌子掉在地上，爸爸伸手甩了他一巴掌。彼得屏住呼吸，然後哭了起來。他爸爸的反應是打他的手心，然後把他抱到自己大腿上，一面要求他不許哭。彼得開始低聲啜泣。他父母彼此點頭，表示肯定。五分鐘後，彼得從爸爸的腿上下來，雙眼轉啊轉，帶著充滿好奇心又戒備的微笑。

界限早已設下（「你不准玩那把槌子」），他犯了法，懲罰執行完畢。彼得學到了什麼？他永遠不會尊重父母的界限，但他學會害怕懲罰。此外，他會學到表達痛苦是不對的。在成長過程中，他感覺得到父母要求他的尊重，卻不覺得有必要尊重他們。這種對待在小孩跟大人之間產生了一種不平等。父母告訴兒子的其實是：「你必須尊重我的界限，但我不必尊重你的界限。」

在這個案例中，這個毀滅性的訊息（「即使我不尊重你，你也要尊重我」）超越了彼得可能收到的任何關於玩大人工具的訊息。爸爸越是批評他，彼得越覺得自己做錯事，而小孩越覺得自己錯了，就越沒辦法做正確的事。**每當學習的過程附帶了負面的情緒經驗，學習會變得遲緩或停滯。小孩唯一的選擇，是讓自己變得情緒麻痺。**

彼得的爸爸其實可以拿走彼得手上的槌子，並且說「我不要你玩這個東西，彼得」，如此便能避免這種破壞性的互動方式。彼得或許照樣會哭，但他可以保持自己的完整人格。他會明白父母認真對待他們的界限和禁令，而且也準備負起責任，確保小孩遵守。小孩會更容易尊重這些原則。

六、七歲的孩子經常侵犯大人的界限，這是因為大人在他們出生後那幾年所設的界限，侵犯了他們的完整人格。如果做父母的老是說：「你不知道我們跟他講了多少次！」或是「我們說了一百零一次，可是一點用也沒有！」其實他們忘了問題是他們自己製造出來的。

即便是比較沒有那麼權威的家長，在設限上還是會遭遇問題。這是因為親子關係的民主化，把新的毀滅性現象帶進了和設限有關的複雜問題中。有的家長不敢輕易下達舊式的命令和限制，最後把責任全部丟給小孩。下面這兩段話是告訴小孩，他必須為自己設限：

「媽咪想要和阿姨講電話，賽門！」

「賽門，你這樣亂弄食物媽咪會不高興。你不想好好吃飯嗎？」

不管說這些話的語氣是友善、憤怒或懇求，說話者的用意是相同的：避免讓自己聽起來很專制。結果卻是要小孩為大人的界限和幸福負責。沒有任何孩子能夠達到這種要求。因此孩子常常變得多少有些過動或沒規矩。最後導致小孩的欲望和需求完全控制了家庭生活，不是因為他們渴望權力或是樂見這種情況，而是因為家長沒有設下界限並照顧他們自己的需求。

從語言學的角度，民主式的家長所說的話之所以有問題，是因為這些話是純然的被動，欠缺「主動」。這兩句話可以改成主動的語氣。例如：

「賽門，我要你在我跟阿姨講話的時候安靜。」

「我要你把食物放在盤子裡，賽門。」

採用被動措詞的時候，我們是在描述我們自己和我們的感覺。採用主動的說法，我們是在為我們自己和我們的幸福負責。一旦略去主動、自我負責的用語，等於是把自己的責任交給別人。這是一個不幸的結果，因為沒有任何人可以為我們負責。如果我們把對自己的責任交給別人，最後會感覺自己彷彿是個「受害者」，任由他人擺佈。

假設你到肉鋪說，「我餓了！」老闆不是視而不見，就是問：「嗯，你想吃什麼？」

在家庭的互動中，我們必須主動為自己負責，才能讓我們的需求得到滿足。每個家庭都存在著微妙的平衡。被動會造成兩極化。例如，如果一位家長被動，另一位往往會變得比較主動，以取得平衡。

有的家長認為改變作風很簡單。有人覺得極難改變溝通的方式，因為他們多年來一直壓抑自己的想法和感覺，因此他們不只很難和小孩對話，也很難和其他成人對話。

父母之一可能被認為「太軟弱」，另一個則被視為「強硬難說服」。用這種方式來說其實是不對的，因為這種觀點是基於相信有一套「正確的」教養法。但這樣的教養法並不存在。真正存在的是父母和小孩的相互學習過程。家長必須學習忠於自己，在表達方面要盡量直接而個人化。透過這個方法，他們會發現每個小孩真正的本質和個性，而且還好有孩子充分的反饋，父母才能調整他們對小孩的反應。

同樣的，沒有任何界限可以適用於所有的小孩。我們真正應該要問的是：「怎樣做才有助於我和小孩的關係？」也就是說，怎樣能讓我們兩，以及我們的關係，以健康的方式發展。記住，永遠要考量三個實體：小孩、大人，還有親子關係。如果一方痛苦，三者都會受害。

就算父母的界限不同，小孩也可以應付得很好。意思是說，他們會學到媽媽不介意在洗碗時開電視，但爸爸會介意。只有在個人界限變成一種沒有感情的規定或規則時，才會有問題。一旦如此，小孩在理解規則時會產生困惑。認同人要比認同規則簡單多了。

社會界限

當我們思考小孩在家庭之外要遵守的行為界限，我們便進入了社會界限的領域。這些界限控制了小孩選擇以什麼樣的方法在家以外的地方實現自我：他們如何度過空閒時間、如何玩耍、和誰玩耍，以及和朋友相處得好不好等等。

傳統上小孩會要求父母允許他們在外面做某些事，而父母則扮演權威的角色，給予許可或拒絕。我並不質疑父母有權做出他們認為是最好的決定。父母行使這種權力是一件好事，也有其必要。但這種權力必須在尊重小孩的自尊和個人責任的脈絡下行使。這表示家人必須就問題進行協商和討論，然後再做出決定。

我常常遇到真的以為自己大權在握的父母。在這些家庭裡，父母的話形同法律，沒有商量的餘地。例如，小孩要求說：「爸，我今晚可以住在崔西家嗎？」然後馬上被拒絕：「不行，你不能去。你必須留在家裡。」

當孩子到了五、六歲時，父母最好避免馬上做決定，而是問：「你覺得怎麼樣？」這樣對雙方都比較好。如此一來，小孩學會更深入檢視自己，而不僅只於請求許可時那種立即的欲望和熱情。他們學會考慮自己的想法，而不是把注意力都放在父母身上。他們的自尊和自我責任感會成長，在往後的親子對話中，雙方將能夠保持對等尊嚴。

我們可以用同樣的原則來決定小孩社交活動的問題。父母必須選擇要保留他們的權力和掌控，還是要發展小孩的個人責任感。為了成就後者，父母必須（以個別和共同的方式，盡可能小心及個人化地）確定他們準備接受什麼，不準備接受什麼，如同建立自己的個人界限一般。

個人界限和社會界限有兩個重大差異。當小孩到了外面的世界，對於可能發生的狀況，父母影響有限，因此他們的焦慮感往往更深。其次，在社會界限的領域中，父母的角色是旁觀者，而不像在家庭生活中是參與者。我們可以希望孩子將來參加童子軍、踢足球、學音樂，也可以鼓勵他們朝這些方面發展，但最終是由孩子自己做決定。同樣的，我們無法影響他們生活中最重要的因素之一：友誼。

成人往往低估了小孩友誼的重要性，就像我們低估青少年感情生活的分量。碰上必須轉學的情況，我們總是要孩子放心，他們很快就會交到新朋友；一日孩子的戀情生變，我們會說世上到處是好對象。我們常常忘記最好的朋友和初戀男友的重要性，他們是孩子出了家以後第一個認真依附的人。友誼和愛情為孩子提供了重要的經驗，他們藉此學習信任和認同他人。如果用膚淺的方式安慰他們，對小孩是一種很深的傷害。

小孩選擇要做什麼的時候，友誼往往具有重要的影響力。這種影響有時不免讓家長難受。看到孩子如果不先和朋友商量，就無法決定下課後要不要去打籃球，父母常為此擔心。不過小孩整天和朋友在一起，未必表示他們缺乏獨立性，只是代表友誼和社會連結比活動本身或成就的高低更重要。偏偏父母往往只關注成就和活動。

父母對小孩的期望，以及同儕對孩子的影響，兩者往往很難達成平衡。我並非鼓吹父母接受「其他人都這樣」或「其他人都可以」這樣的說法。然而，特別是在「傳統家庭價值觀」的基礎已經腐蝕的現在，家長越來越常接受這種說法，這就表示他們往往會拿自己的態度和同校或社區其他小孩的家長做比較。

過分重視別人的價值觀是一件危險的事。先和小孩溝通，再下決定，效果遠勝於聽信其他家長的想法或作法。如果家庭內部有協商和對話的傳統，做決定會比較容易。如果沒有這種傳統，想採行這種作法的家長會面臨小孩的壓力戰術。這種戰術最終會傷害每個人的自尊。當小孩祭出這種戰術，是在明白告訴父母，他們的立法過程操之過急。

當小孩發動壓倒式的攻擊時，解決之道不是屈服，而是教導家人進行協商。即使小孩的自我表達沒那麼流暢或理性，他們協商的方式往往比父母更健康。協商的模式有兩種：

一、需求／欲望↓滿足↓鎮定／平衡

這個流程簡單明瞭，小孩表達他的欲望，無論是食物、飲料、看電影、床邊故事或一輛新的腳踏車。欲望得到滿足，他便會平靜下來。

二、需求／欲望↓爭取／討論／對話↓失敗／傷心↓鎮定／平衡

在這個過程中，小孩表達欲望，然後被父母拒絕，他為了滿足欲望而開始爭取。如果不成功，小孩會「傷心」（哭泣、跺腳、甩門、生悶氣和鬱鬱寡歡）。過了兩分鐘、兩小時、甚或兩天，小孩會接受挫敗，恢復平衡。

「爭取我們想要的，爭取不到會傷心難過」，這種情況放諸四海皆準，只有表達方式會因為文化而不同。可惜許多家長把這種爭取的過程和後來的傷心視為不得體或不成熟的，但事實並非如此。家長必須瞭解，小孩反抗的並非另外一方，而是內部的自己；他們是在表達個人的感受。我們可以訴諸彼此的理解，但這麼做無法取代我前面描述的發展過程。因此在小孩（或其他成人）爭取他們想要的並因而傷心失望時，不要加以干擾。我們不能以個人角度來看待他們的反應，讓他們覺得自己不對；同時我們也不能因為受不了他們的掙扎或哭泣，就憂傷或鬆懈，然後棄械投降。

不管大人對小孩施加的是個人或社會界限，都會經歷這個過程。這個過程也適用於我們因為沒有力氣、時間、金錢而不得不拒絕（儘管我們很想答應）孩子的情況。

小孩感到挫折和傷心，不表示我們是不好的父母。這些感覺的表達也不意味著自我中心和不忠，反而代表小孩願意也渴望和我們和諧相處。這也證明了孩子對我們的信心，即使他們情緒低落，但他們相信我們想和他們在一起。為了不辜負這份信心，我們只要保持沉默以示同情即可。這麼做可以避免經常發生的小衝突和難以忍受的糾纏不休。以權威的方式加以主導也可以達到相同的結果，不過卻要付出龐大的代價。

社會界限和年紀較大的小孩

在十一或十二歲以前，小孩需要也想要和父母在一起。然而，終究他們和父母連結的需求會減少，和同儕及其他成人連結的社會需求會增加，而且變得越來越重要。這不表示家庭對他們的生活品質不再重要，只是他們跟朋友在一起的時間多了。

這些社會需求引發界限的問題，也挑戰了家庭行之有年的規範。孩子可以在朋友家吃晚餐，還是必須回家吃飯？週末可以和朋友玩一整天，還是應該花些時間陪伴家人？類似這樣的問題，首度考驗小孩在家以外的自我責任感，也是父母第一次有機會印證他們的教養是否成功。

我到那個年紀的時候，和許多在傳統家庭長大的小孩一樣，不得不建立一種兩面的生活。因為我們的父母堅持要控制孩子的生活，於是我們創造出一種他們知道的生活，和一種他們不知道的生活。這麼做讓生活變得有些刺激，不過代價慘重：我們學會撒謊、隱瞞事實，而且不負責任。我們也對自己感到羞愧。很自然的，這破壞了我們和父母的關係。更糟糕的是，我們把日常生活的這些層面融入個性中，產生毀滅性的影響，在我們想成為負責任的伴侶和家長時，不斷摧毀我們的努力。

現在的孩子在親子關係中擁有更多的自由，也比較無法容忍謊言和權力的濫用。這樣一來更能夠提升小孩和父母之間的決策溝通過程。

舉例而言，過去是由父母單方面決定門禁時間。如果小孩不滿意，要不就默默忍受，不然就遲歸，然後接受懲罰。現在的父母單方面設限的難度高了許多。父母知道如果他們說：「你不准這樣！」小孩會回答：「我有權利這樣！」家庭便會在權力爭奪下分裂。他們知道雙向的溝通（雙方認真對待彼此的需求和界限）可以避免毀滅性的衝突。這些家長比較關心的不是同意或拒絕，而是在家庭中建立並維持尊重的感覺。

要創造所有成員都能以健康的方式成長及發展的家庭，必須把重點放在對話，而非「許可」。

第七章

家有青少年

有人說青春期本身就是和父母衝突的原因，
這種概念是一個迷思。
衝突產生的主要原因，
是小孩逐漸變成一個獨特又獨立的人，
而家長在這個過程中沒有意願或能力去認識和應付他們。

當孩子到了青春期，這個階段的家庭生活被許多迷思和期待所圍繞。

在人生的各個發展階段，青春期是孩子瞭解自己並成為自己的第二次機會（第一個機會是本書第一章所描述的獨立期）。然而，小孩未必有這個機會。對前幾個世代的人來說，青春期是家長可以照自己的意願塑造孩子的一段時期。很多小孩成功達成父母的理想和期待，有人因此有了成功的人生，有人卻一輩子覺得空虛失望，他們陷入長期的沮喪，他們失去了適應能力。

也有人比較幸運，能夠承受適應環境的壓力。他們的自我保護戰勝了家長要他們言聽計從的希望。可是在許多案例中，像這樣成功地和父母切割，得付出慘痛的代價：長年不斷且經常是很激烈的親子衝突。

有人說青春期本身就是和父母衝突的原因，這種概念是一個迷思。衝突產生的主要原因，是小孩逐漸變成一個獨特又獨立的人，而家長在這個過程中沒有意願或能力去認識和應付他們。做父母的不承認這種追求個人特質的驅力，反而常常把衝突歸咎於荷爾蒙的變化（就像女性追求個人特質的驅力經常被誤認為是荷爾蒙造成的）。事實上，做父母的越是不能或不願意把孩子當作一個獨立的人，衝突會越來越激烈，毀滅性也越強大。

問問世界各地的青少年，你會聽到同樣的說法：「我爸媽從來不聽我說話。」「他們就是不瞭解。」這個情況讓青少年和他們的父母同樣覺得孤單。這不是自然定律，而是家長的行為所造成的後果。

所有家庭衝突的開始，都是兩個或兩個以上的人要的東西不一樣。因此參與者有多少，衝突的原因就有多少。如我前面說過，家裡的互動品質是父母的責任，衝突的發生、發展和處理方式也一樣。青少年企圖表現得像大人，也期望別人把他們當大人看待。但他們不是成人，無法為親子互動的品質負責。

在青少年期間，一直以超越其能力所及的程度在配合父母的小孩，往往會變得不合作，而完整人格已經被傷害的小孩，會出現明顯的毀滅或自毀性。換句話說，童年時期播下的種子開花結果了，立意良善的父母可能會發現眼前的孩子非常陌生。

讓我來解釋一下。當小孩到了十三或十四歲，開始可以給父母清晰而充分的反饋，他們可以說出他們對自己受到的對待有什麼感覺。父母收到的反饋可能正反都有，但絕對不會是全然的正面或負面。如果父母覺得自己從孩子的反饋中看到一個明明白白的訊息，不啻是在自欺欺人，甚至誤以為每件事都是以他們為中心。也就是說，他們沒有真正留意孩子到底在說什麼，他們把聽到的話都加以簡化和扭曲。

孩子到了十三至十五歲的時候，需要把自己和父母分開。沒辦法和父母分開的小孩，無法成為獨立、有社交能力、有責任感和有批判性的成年人。當小孩開始脫離父母，為的不是要跟父母作對。他們只是要自主。在某種程度上，他們是在延續我們照顧他們的工作。這是一種自然的延續。

如果家長遵照我們迄今所討論的互動原則，父母和青少年之間的衝突會減少很多。這些原則也有助於打造一種信賴的親子關係。這樣的關係不是奠基於每個家庭成員都扮演一種刻板的角色，而是建立在每位成員都享有對等尊嚴的友誼上。現在我想談談我們如何以比較不痛苦及更有意義的方式，把我們自己從扮演的角色中釋放出來。

來不及「教養」小孩

儘管這麼說很奇怪，但許多家長持續以充滿愛、善意、堅定的方式教養青少年，卻因而侵犯了孩子的完整人格。原因有二：

一、即使最好也最慈愛的父母，在教養小孩的時候也會控制他們、規範他們，並且向小孩展現他們優越的知識。這沒有什麼不對。事實上，正是這些特質給了小孩安全感，彷彿教養他們的父母很厲害。可是當小孩大了，這種和小孩相處的方式會開始產生摩擦。小時候帶給他們安全感的方式，現在感覺像是不受歡迎的干擾。他們的獨立性被否定，他們覺得自己受到批判和低估。而事實也是如此。

二、當孩子進入青春期，要教養他們已經來不及了。小孩在人生最初三、四年，從父母那裡得到最重要的生存工具。在接下來的六到七年，父母對孩子生活的貢獻仍然很重要。不過到了青春期，同儕、其他成人和小孩自己的內心生活，成為最重要的啟發來源。

每個小孩都會讓父母意識到他們不再需要教養，這時候他們會多少有點委婉地說：「我會自己想辦法。」或是「別管我的事！」或者像我兒子有一次說的：「問題是我還需不需要父母參與這種事。」我們越是聽不到他們的心聲，他們就說得越大聲。

當小孩這樣說時，他們不是在吹響革命的號角，而是給我們善意、中肯的建言，示意我們現在可以離開教養兒女的前線，把多餘的時間和精力用在我們自己和彼此身上。

當父母堅持繼續教養他們的青少年子女，等於是傳達出所有青少年都不想聽的兩個訊息：

一、「我知道怎樣做才是對你最好的！」這話會把青少年給激怒，因為他們正全心全意發掘真正的自己。因此當爸媽假裝知道答案，只會惹火他們，也毫無意義。

二、「我對你現在的模樣很不滿意！」聽到這種說法，青少年會無法忍受。首先，他們還不知道埋在教養底下的自己究竟是什麼樣的人；其次，他們不確定喜不喜歡這樣的自己。

這個時候，為了自己也為了孩子，父母最好放輕鬆，欣賞他們過去幾年的付出所帶來的結果。如果他們對結果不完全滿意，也照樣要努力欣賞。孩子未來人生路上需要的父母，必須能夠全心全意支持他們尋找自我，以及忠於自我的努力。

然而，一旦看到自己的創作不甚理想，大多數父母的作法剛好相反：他們會立刻奮起，更加努力教養小孩，希望可以再添上幾筆。這是不可能的，至少為人父母者辦不到。**如果你覺得家裡的青少年不完美，不妨照照鏡子！**

許多父母在最後關頭還致力於教養兒女，這麼做不是出於信念，而是因為他們不知道怎麼處理他們的愛和責任感。什麼也不做好像很不負責任。父母覺得自己必須做些什麼，對小孩才有價值。在這個過程中，他們經常忘記自己的行為會讓青少年沒機會感受到自己是父母人生中有價值的一部分，反而是把孩子推入必須反抗父母的境地。

引發衝突的不只是我們對青少年說話的內容，也包含我們說話的方式。我們經過世世代代發展出來的與青少年對話的語言，和我們對其他成人說話的語言天差地遠。我們的語氣帶有優越、紆尊降貴和侵犯的意味。說得好聽一點，叫作友善和接納，說得不好聽，就是批判性的攻擊。而小孩接收到的意思是：「你還不能跟我平起平坐。」好幾個世代以前，當大人以這種態度對待孩子時，他們的用字遣詞和語氣都差不多。現今雖然許多成人已經不贊成這種態度，卻仍然使用相同的語氣。結果弄得語調刺耳，訊息矛盾。

青少年特別討厭這種語言是可以理解的，因為這種說法忽略了他們的個人特質。要掙脫這種語言的陷阱，最好的方法是問你自己：「如果我是和其他成人發生這種衝突，我會怎麼說？」你的答案會引導你找出一種比較有建設性的對話方式。

家長必須做的是，以平等的方式和小孩對話，而不是賣弄知識。多年來我們一直誤以為兒童和青少年必須聽懂我們對他們說的每一個字。但某些重要訊息就在我們試圖解釋而非表達自我時流失了。能夠發揮影響力的常常是個人的「音樂」，而非具體的話語。在討論個人和人際問題時，小孩（即便是非常年幼的小孩）需要父母用個人語言和他們說話。至於青少年，他們仍然需要父母和他們溝通爭辯，也就是反應及表達他們的意見和態度。採取教育式的相處方式，等於是拒絕個人的表達，企圖改變或塑造年輕人，如此一來只會降低親子溝通的品質。

這裡有個例子。一個十四歲的女孩把男朋友介紹給母親認識，然後問母親說：「他很可愛吧？」

一個相信自己比誰都懂的母親會說：「看看他的行為舉止！這種男孩不適合妳！」

一個以對等尊嚴對待女兒的母親會說：「他不是我喜歡的類型，不過我很高興他能夠讓妳的眼神亮了起來。」

父母必須隨時關懷青少年子女，又不能強迫他們接受。下面是做母親的在這種情況下可以說的話：

「我有我自己的看法。妳想聽聽看嗎？」

「這件事我覺得我必須介入。妳現在願意聽聽我的看法嗎？」

「我很擔心妳的情況，我想跟妳談談。現在可以嗎？」

就一般的社交意義來看，這些話並不禮貌。不過這些話表達了對另一個人的尊重。我建議家長在說完這樣一段話之後，先停頓十秒鐘，確定青少年子女究竟覺得父母的主動提議是一種侵犯，還是在邀請對話。

採用這種說法，父母和青少年可以重新發現彼此的弱點和界限，重建對彼此的尊重，畢竟在共同生活這麼多年以後，彼此的尊重經常會減少。

父母最適合扮演的是「拳擊陪練員」的角色。職業拳擊賽的陪練員是幫助選手進入戰鬥狀態的人，他們的工作是提供最大的抵抗和最小的傷害。

父母在扮演這個角色時，絕對不能使用權力，而是要盡可能以個人化又清晰的方式表達他們的價值觀、立場和意見，藉此發揮影響力。換句話說，你可以放心對兒子的女朋友持負面意見，但不要禁止他去找她。

父母和他們的失落感

當年輕人獲得他們的自由，許多父母會產生一種失落感。這種感覺可能非常痛苦，直到多年以後才能面對。也有人一輩子都無法面對。

父母在小孩生命中扮演的重要而寶貴的角色已告結束。他們知道小孩仍然需要他們，但不像以前那麼強烈。他們對小孩的責任已經成了過去式。

父母也會經歷其他的失落：

——失去親密感。突然間小孩寧願和朋友在一起，或一個人待在房間聽音樂。

——失去權力和掌控，無論肢體和情緒上皆然。

——失去分享祕密的關係。小孩只對朋友或是男女朋友傾訴心事。

對某些家長而言，這些失落是令人震驚、傷痛的覺醒；有的家長只覺得有些難過；也有人覺得鬆了一口氣。不過所有的父母都必須先接受這種失落，才有辦法改變位置，從小孩生活的前線退到後衛。

許多家長沒有意識到（或忘了）他們和小孩的關係必然會經歷這番轉變。因此即使他們可以做好準備，面對這份失落時仍然措手不及。還不能接受這種失落的父母，會感到恐慌，想要重新奪回教養和掌控的權力。

下面是十六歲的莉娜和她爸媽的一段對話。莉娜的友人邀請她參加星期六晚上的一場派對。

「我星期六可以和伊娃一起去參加派對嗎？她爸媽已經答應讓她去了。」

「什麼樣的派對？是誰辦的？在哪裡舉行？是妳認識的人嗎？」

「是伊娃認識的人。只是普通的派對。」

「我們不認識伊娃的朋友。他們是誰，多大年紀？他們的父母也會在嗎？」

「我想不會。」

「妳知道的一定不只這些！妳什麼都不告訴我們，我們要怎麼信任妳呢？爸媽關心小孩很正常吧？還是時代已經不一樣了？」

在這段典型的對話裡，莉娜的父母站在教養的最前線，周圍還築起高牆守衛。莉娜得到一個清楚的訊息：「我們不信任妳，而且我們認為妳沒有能力負起個人責任。我們還不能放手，女兒，不過等我們放手的時候，妳會感激我們當年對妳的關心。」

如果莉娜和陷於類似處境的青少年們腦筋動得快，很快他們就學會如何說父母想聽的答案，而且從此不在父母面前說實話。而父母遲早會發現小孩無法信賴，彼此陷入長期的惡性循環。

面對莉娜的情況，父母可以採取另一種作法：

莉娜說：「我要跟伊娃和幾個朋友去參加星期六的一場派對。你們覺得如何？」

「妳想參加這場派對嗎？」

「想！聽起來好像很好玩，因為會有很多我不認識的人。」

「好。我們週末沒什麼特別的計畫，如果妳想去參加派對，我們不會反對。如果妳需要我們接送，要盡早告訴我們。」

或是：

「我們計畫這個週末去妳伊恩叔叔家，希望妳一起來。妳覺得呢？」

「我寧願去參加派對，可以認識很多人，聽起來很好玩。你們只是要去伊恩叔叔家，還是有什麼特別的活動？」

「只是去坐坐。妳考慮考慮，決定了再告訴我們。如果妳決定去參加派對，我們想知道妳打算怎麼過去，要怎麼回家，或是要在哪裡過夜？」

或是：

「妳很清楚我不是很喜歡伊娃和她的朋友，所以我覺得妳不應該參加那場派對！」

「你對伊娃有什麼意見？她人很好，只是因為你跟她不熟罷了。」

「也許我和伊娃不是很熟。不過說實話，我不喜歡妳跟她去參加那場派對。妳不必聽我的話，但我的感覺就是這樣。」

或者：

「我現在就可以告訴妳，不准去！」

看得出這段對話的重點其實不是一場派對，而是莉娜的父母選擇以什麼方法來展現他們的權威。對莉娜來說，重點是她可以練習運用她剛萌芽的個人責任感。

當青少年要求父母的許可時，除非涉及金錢或財產，否則父母一定要降低立法者的角色。父母必須能夠盡量毫不保留地表達他們的意見，這麼做不是權力的濫用。這種互動的基礎應該在多年前就透過社會界限的協商而建立，在這些過程中，小孩有機會發展他們自己的個人責任感。

只要以前有過這樣的協商經驗，父母就可以放心地說：「我不想讓妳去！」這種強而有力的口吻顯示，「不必為了我的話而不去參加那場派對！」

這種強烈的說法會迫使小孩反思。意思是：「現在妳知道我的立場，我想妳在做決定的時候一定會納入考量。」如果沒有這樣的言外之意，孩子會拒絕或背叛父母的建議。我們也可以用這種方式處理成人的關係。我們必須放心地表達自我，才能讓對方留下深刻印象，但不是濫用我們的情緒、肢體或經濟力量。

如果莉娜去參加了派對，那她父母的角色就成了後衛或安全網。假設莉娜星期天看起來不太高興。做媽媽的可以抱抱她說：「看妳悶悶不樂的，派對不好玩嗎？要不要說來聽聽？」

如果莉娜說不要，可能是她母親觸碰到莉娜私生活的界限。在這種情況下，雙方必須各自恢復情緒的平衡。如果莉娜答應了，意味著她需要成人面對這種情況的觀點和經驗。但最有可能的是她需要父母的傾聽，給她一個比較個人化的評語。而只有莉娜自己可以恢復她的平衡，調適自己不愉快的經驗。

擔任後衛的父母仍然有非常重要的任務。我們都需要愛護和關心我們的人來見證我們的人生，最好的情況是，這些見證者願意在我們需要時展現關懷，而不是為了他們必須覺得自己有用。

父母彼此的關係

當青少年發現他們的自由時，父母會經歷重要的覺醒。他們的伴侶關係和個人生活都可以擺脫陰影，重新站上舞台中央。父母因此必須重新調整伴侶和家長的角色平衡。

有趣的是，家有青少年的父母，他們的生活在許多重要面向上和孩子的生活是對稱的：

- 父母和青少年都經歷一段人生的關鍵時期，致力於追求認同和生存的意義。
- 在這個過程中，雙方都脫離了舊有的角色和功能，要應付隨著這種角色的轉換而產生的不確定感，同時試圖抓住熟悉的事物。
- 他們必須把自己定義為個人，以便根據新的人生階段來調整家庭和其他的關係。

換言之，當小孩變成大人，父母就有機會成熟。

誰做決定？

不管小孩多大，父母都有一個相同的重要責任：創造讓每個人都能成長茁壯的家庭氛圍和互動品質。這種責任不能委派給別人。不過做家事的責任倒是可以委派給其他人，例如購物和打掃，這些是日常生活中不可或缺的事。在北歐，父母很自然地認為小孩要負責一部分家事，但並非舉世皆然。在某些社會，男孩可以完全豁免家務，而女孩多少一定得做家事；另外有些社會，即使母親出外工作，也必須一肩承擔所有家事，她們不敢想像可以改變這種情況。

我認為只有一個因素能決定是否要期待青少年幫忙家務，以及幫忙到什麼程度：全看家長要他們做什麼。如果從其他角度來探討分配家事的問題，一定會引發衝突。且讓我說明一下。

・期待小孩「自動自發地」做家事，通常會發生以下兩種情況：小孩家事做得太少，結果讓父母失望，再不然就是孩子不知道父母親期待他們做多少家事，結果做得太多，負擔過重。

・父母以「道德」觀點（小孩應該幫忙爸媽）看待家事，在這樣的家庭裡經常瀰漫一股令人不悅的氣氛。當家長說「你應該」而不是「我要」，其實是妨礙了孩子的自然傾向：關心對方和每個人的需求與想望。這樣的父母反而會激起孩子的怨恨和罪惡感。

・如果家事變成一種軍事職責，就很難避免軍事審判或逃兵。

父母如果期待小孩用做家事來報答父母的關愛，會引起小孩的罪惡感和／或長期的不滿。關愛不能用做家事來償還，這是兩種完全互不相容的貨幣。

然而，父母之所以很難開口要求小孩幫忙做家事，主要有幾個原因。常常，要家長開口說出他們想要什麼，確實比我們想像中更加困難。許多家長表示「真的不必」表達他們的希望，彷彿不用大人開口要求，小孩憑直覺就應該知道要做什麼。有的家長堅稱他們已經要求了好幾千次。不過也有些父母採取的是建立一套控制和處罰的嚴格規定。

沒辦法開口請小孩幫忙做家事的父母，在孩子年紀更小的時候也有類似的困難，而這些衝突一直沒得到解決。這些父母極可能從來沒有認真看待自己或自己的需求，於是和小孩發展出一種言行不一的關係：開口叫小孩打掃五、六次，後來乾脆自己把事情做完。

其他為家事分配所苦的家庭，是因為父母把小孩教養得過度負責。在父親或母親生病、憂鬱或身障的家庭，這種現象相當普遍。孩子多年來一直在情緒或生理上照顧生病或無法履行責任的家長，卻因為沒洗碗（他們覺得這是一件小事）而被罵，他們當然會覺得忿忿不平。

不管爭執的原因為何，父母必須就家事的問題和小孩討論，以直接、個人的語言表達他們的界限和要求。舉例而言，父母可以對青少年的孩子說：「我們已經談過，最後決定是由你負責把垃圾拿出去丟（或是類似的家事）。你覺得怎麼樣？」

如果小孩問說：「為什麼我必須拿垃圾出去？」

回答是：「因為我們要你這麼做。你不一定要拿垃圾出去，但我們要你對家庭生活做些實際的幫助。」

如果小孩說：「不合理！那我要怎麼應付我必須做的其他事。」

回答是：「好。讓我們聽聽你覺得怎麼樣才算合理。」

「嗯，不知道。這件事太辛苦了。不能換輕鬆一點的事嗎？」

「可以，但你必須自己提出建議。你知道我們認為怎樣的要求是合理的，現在我們想聽聽你的想法。」

協商繼續進行，父母和孩子必須共同負責。這或許表示父母得拋棄這些標準回答：

「現在你聽好了！這樣不合理……」

「如果這樣太麻煩，或許我們應該談談要不要調整你的零用錢。」

「你這個年紀的小孩常常……」

「別傻了！你的意思不是真的要你媽……」

「想到我們要花多少錢……」

「我像你這麼大的時候……」

（應該洗掉的標準回答還有很多很多，而且同樣令人難堪，也不會更有效。）

前面提過，每個家庭要小孩承擔的家事都不同。沒有哪件家事天生就比較有價值。至於應該怎麼分配家事？可以問小孩他們比較願意做哪些家事，儘管對大多數健康活潑的青少年來說，洗碗、打掃和做飯是他們生活中最不重要的事。如果他們答應做家事，通常是出於「一時衝動」。當然，做家事不能光靠衝動。

在協商要做什麼家事時，決策過程比實際達成的決定更重要。寧願耗費時間來做決定，也不要為了締造和平而草草妥協。而且最好確保雙方都得到認真的對待，不要提出所謂「公平」的解決之道來中斷討論。

在許多家庭裡做家事的問題很重要，因為青春期的孩子已經懂得拒絕合作。在此之前，許多家長不必認真面對家庭決策過程的品質。他們隨口做出妥協，並且訴諸「義務」，藉此獲得小孩的合作。（採取這種方法最後必然會破壞父母和小孩的關係，而往往要到小孩離家後，才知道親子關係被侵蝕到什麼程度。）

小孩邁入青春期以後，已經懂得拒絕父母要他們合作的要求。有的小孩拒絕在沒有任何充分解釋的情況下，達成任何協議。不論傳統保守的家庭，或是看似民主的家庭，孩子都有可能會做出這種反應。事實上，許多作風溫和的父母，是以道德原則作為要求孩子適應、體諒和盡社會責任的基礎；從這個角度看來，他們是很嚴格的。多年來，小孩往往把這種嚴格當成一種負擔，或是親密感的障礙，不過要等孩子的年紀大到懂得拒絕配合時，才看得出來他們對這種家庭互動方式的反應。

一旦孩子拒絕合作，而且無論爭執或講道理都無法改善情況，會怎麼樣呢？我認為小孩如果不合作，就是告訴我們，家庭對其成員的合作有過度的期待。因此我們必須正式地、無限期地免除這些小孩在家裡的所有職責。

為什麼呢？小孩拒絕合作，代表他的個人責任感和社會責任感嚴重失衡。如果他的完整人格沒有受到威脅的話，他沒有必要做出這麼激烈的反應。要重建他的社會責任感，必須先恢復他的個人責任感，因為個人責任感是發展社會責任感的先決條件。

對許多成年人來說，這話聽起來簡單，卻充滿爭議性。不過就我所知，這是唯一保證成功的方法。更重要的是，方法有效與否，有賴穩固的倫理基礎。根據我的經驗，平均要六到八個月，叛逆的小孩才會開始幫忙做家事。依照父母接受且不濫用這種幫忙的能力，大約在一年到一年半以後，孩子對家庭的責任感會更為鞏固。最棒的成就，應該是孩子能夠發展出了個人責任感，不再需要反抗。

我所建議的治療過程，對親子雙方都不容易。小孩不喜歡自己對家庭毫無貢獻（雖然小孩聽到不用再做任何家事的第一個反應可能是「太棒了」，不過父母千萬別上當）。至於父母，他們在想法和作法上必須與他們過去奉為圭臬的原則反其道而行。

這是個無法避免的過程。家長必須利用這段時間面對一個事實：他們的道德原則可能欠缺基礎。這不表示他們的道德觀念是「錯誤的」，而是這些觀念長久下來已經變成一種無意識的反應，現在必須重新輸入實質的內容。

父母必須保持堅定。他們是這艘船的船長，能否避免任何叛艦事件，一路平安抵達港口，端賴他們能否負責任地行使他們的權力，以及他們是否願意根據風向和船員的特性來變更速度和航線。設定航線的基準是：作為團體或社群的一員，但凡無法對全體的福利做出貢獻，將喪失個人尊嚴。

當成功在望

有的小孩看起來好好的，但其實正走上毀滅的道路。他們陷入犯罪和毒癮，或是從事父母極力不讓他們嘗試的行為。

這樣的發展只會讓父母覺得更有必要重申並加強他們教養者的角色；他們不計一切想終止小孩的自毀式行為。然而，就算痛苦難耐，掌控全局的欲望又無比強烈，做父母的必須承認，現在已經來不及達成他們想要的結果了。事實上，這種企圖只會讓父母和子女的關係雪上加霜。一旦一開始的無力感和慌張的感受漸漸消失，父母必須做三件事：

一、和彼此及其他成人分享他們的內疚、自責和埋怨，這樣他們才能宣洩這些情緒，專注於面對他們的責任和未來。

二、和小孩對話時要直接而個人化。家長必須為自己的感受和反應負責，而非扮演治療師、警察、法官或宗教的角色。記住，小孩的自毀式行為並不是衝著父母來的，而是企圖瓦解他們自己的人性尊嚴。

三、負起為家庭求助的責任。無論父母求助於家庭的好友、老師、神職人員或專業家庭治療師，其實都無所謂。最重要的是全家人都得到協助。家裡的每一個成員就像共犯，必須分擔責任。不過別忘了，公眾服務和私人諮商能發揮多少效用，取決於一個家庭有多大的決心進行自我檢視，改變成員的互動方式。

青少年會出現自毀式行為，是基於許多相互關連的因素，包括朋友、家庭的社會和經濟條件、文化，以及在地的兒童及青少年政策。當然還有家庭本身。無論各別因素看似多麼強烈，為人父母者必須面對一個事實：小孩很容易因為和我們的關係而受傷。可能是我們給了他們什麼或沒有給他們什麼，使他們的自尊和自我責任感無法發展。雖然我們盡了全力，卻在無意中讓他們失望了。

如果我們想要對孩子的人生做出貢獻，就必須明白我們得負起部分的責任，而這麼做是為了我們自己內心的平靜，也是為了我們的兒女。我們必須為兩件事負起責任：存在於家庭內部的毀滅式行為，以及以建設性的過程取而代之。如果我們推卸這個責任，小孩會把我們的失敗內化為內疚，他們會變得更容易受傷。

之所以要尋求外部協助，還有另外的原因。任何父母都無法客觀地理解或感受家庭內部的互動過程。（身為心理學家和家庭治療師，我的同僚和我可以證明這個說法也適用於所謂的專家身上。）唯有透過外部的協助，父母才會意識到家裡早就存在的毀滅性過程。

從邁入青春期到長大成人，青少年很難在沒有外部協助的情況下改變他們的自毀式行為。他們的發展是根據基因遺傳和他們的家庭成長經驗，而如今整個過程即將告終。他們已經在家庭容許的範圍內，努力兼顧自身需求的滿足，以及和父母合作的本能。換句話說，他們已經付出了十五年的辛勞，他們努力的成果即將展現。

儘管表面上有時看似頑強，但青少年就像剛剛羽化的蝴蝶般脆弱，在太陽下張著翅膀。當蛻變完成，有些人開始出現毀滅和自毀式行為。如果父母或其他成人讓他們感到罪惡，他們便會陷入這種行為模式，自我毀滅勢不可免。另一方面，如果父母積極擔起個人責任，青少年會慢慢重建他們的自尊，最後也會對他們自己好一點。

第八章

家庭

為人父母者，
運氣好的話，
兩個人加起來大概具備了三分之一把小孩教養好所需要的經驗、見解和訣竅。
這些知識有部分是他們從彼此身上學到的，
有部分則是小孩在成長過程中透過充分的反饋教給他們的。

現代家庭多樣化的程度遠非過去所能比擬。本章將專注探討核心家庭：父母和他們的小孩。

我會列舉幾個頗具成效的原則，供想要強化家庭凝聚力的人們遵循。這是一個很重要的目標，因為從治療實務中，我發現舊式的婚姻關係（伴侶不平等）即將末路。

數百年來，兩性透過婚姻來獲得社會的穩定、安全和認可。未婚女子的社會處境顯然比未婚男子更沒有保障。至今許多國家依然如此。不過西方世界對於婚姻關係和伴侶關係，大多已發展出全新的要求和期待。

結婚或同居已經成為現代男女的一種存在選擇。這句話的意思是，我們不再靠婚姻來提供社會的認同或安全。我們走入婚姻的主要目的，是為了創造有意義的關係，充實我們的情感和精神生活。

這是一個令人振奮的發展。人性尊嚴的重要性遠勝於過去。以尊嚴作為我們的優先考量，正是本章的立論基礎。

我曾經治療過許多來自不同國家和文化的伴侶或夫妻，比較分析這些治療經驗，有兩件事很清楚。首先，以愛為基礎的關係普遍存在著深刻的衝突。相較之下，文化和宗教差異反而顯得微不足道。

其次，以男女不平等為基礎的傳統「幸福婚姻」模式漸漸落伍。但我是不是太過樂觀了？（我一位老友兼同事曾說：「當你手上有一把槌子，每樣東西就越看越像釘子。」）但願不是。

我從人性尊嚴這個新焦點出發，試圖整理出一些普遍性的原則，讓成人能夠據此以對等尊嚴的精神共同生活。本章並未提供明確或具體的建議，因為沒必要以新的規則取代舊的規則，我只是試著描繪出嘗試和轉變的藍圖。在我的經驗裡，要符合對等尊嚴的原則，必須深切尊重個別差異，同時對於任何一概而論或過度簡化的企圖，我們都應該持保留態度。

個人差異

當兩人相遇、相愛，然後決定共同生活，彼此之間的差異其實遠超過共同點。這一點他們心裡有數，但彷彿是愛情鈍化了他們的感官，把他們帶往幻想世界。換言之，他們騙自己相信，只要盡量和對方相似，就可以一直相愛，創造共同的生活。在共同生活的第一個階段，他們為了達到這種一致性而放棄自我。不久之後，他們開始渴望或要求對方犧牲部分的自我，當作愛的表現及為愛奉獻的證明。這是永恆而普遍的模式。無法預防，只能中斷。

然而，當我們談到父母，馬上會想到兩個鮮明的差異。首先，他們大多是一男一女。其次，他們的個性截然不同。

我把「個性」視為一個人各種生存策略的總和，由生長的家庭和文化帶給我們的機會和侷限塑造而成。生存策略所代表的，是我們學會用什麼方法來處理個人的完整性和與他人合作之間的衝突，而且要盡可能讓我們自己可以忍受，也讓我們的父母能夠接受。

我們的生存策略總是帶有部分的自毀性。無論是否記得，我們所有人都受過某些傷害，並發展出一些不健康的自我療法。有人遁入孤獨，有人試著和父母和解，有人在這兩個極端之間找到多少還算自在的存在方式。

我們必須記住，我們的自毀式行為總是在摧毀和我們最親近的人，也摧毀我們和他們的關係。一旦他們愛我們，就會對我們開放自我，因此也變得更容易受傷。由於我們長久以來帶有自毀式傾向，所以往往對這些傾向帶給我們的痛苦無動於衷，或是任其宰割。但我們的自毀式行為及其結果，對我們的伴侶和小孩會產生強烈的影響，畢竟他們認識我們沒有這麼久。我們很少會想要把適用於原生家庭的生存策略帶到下一個家庭。把最初的生存策略等同於人生策略，無疑是種錯誤。

如何把生存策略轉化為人生策略？需要兩種成分：我們從別人那裡得到的愛，再加上我們想盡量對其他人的人生產生價值的渴望。然後我們必須致力於這種轉換。

如果我們在三十歲或三十五歲之前成家，我們既不瞭解對方，也不瞭解自己。我們只知道兩人的個性，我在前面解釋過，個性主要是由個別的生存策略所構成。我們並未深究彼此的差異。愛情使我們洋溢著幸福感，既為自己高興，也為對方高興，所以自然不會想到我們很快就必須開始發展和改變自己。

在前幾個世代，文化對人們的要求不是發展，而是適應。當人們共組家庭，新家庭的要求和原生家庭一模一樣：自我犧牲。他們必須為了其他人和家庭內部的「和平」而放棄自我。

現代家庭的關係是以對等尊嚴為基礎，要求也和過去大不相同：為了和伴侶及小孩建立起具有建設性的關係，我們必須願意以人的身分自我發展，這麼做不是因為其他家庭成員的要求，而是因為他們的痛苦。

個人的生存策略多半相當獨特，因此這個發展所需要的時間，以及過程中會遭遇的反抗，也是獨一無二的。我們的成年伴侶可能多少有些耐心，對我們的痛苦也多少有些感知。不過小孩幾乎百無禁忌。他們以非常清楚的方式讓我們相信自己是完美而無所不能的。我們越有決心發展自己的特質，孩子的自毀傾向就越低。相互作用取代了單向性。

許多夫妻或伴侶把彼此的差異當作靈感來源。然而，當我們為人父母，新生命的發展還是未知數，這時我們經常把夫妻兩人的差異視為負擔。有時不妨互相提醒對方，為人父母者，運氣好的話，兩個人加起來大概具備了三分之一把小孩教養好所需要的經驗、見解和訣竅。這些知識有部分是他們從彼此身上學到的，有部分則是小孩在成長過程中透過充分的反饋教給他們的。

學習的過程本來就會產生衝突。因此我們必須用建設性的方式來看待衝突，而不是利用衝突來斷定誰是「對的」、誰是「錯的」。

我們來看看每位新手爸媽都很熟悉的一個狀況：

她：你每次換尿布她都哭，一定有問題。你為什麼要這麼粗魯？

他：該換尿布的時候就要換尿布。也許妳每次換個尿布都有空陪她玩上幾個小時，但她得知道有些事要速戰速決！

她：對，但你自己也看得出來她很不高興。

他：我的重點不是她高不高興。我的意思是，有些事就是得做，做完了有得是時間玩。等她上幼稚園的時候怎麼辦？妳認為人家有時間特別照顧她嗎？

這種衝突很典型，因為這是兩種不同（男性和女性）的態度互相牴觸。要認同哪一個人，反而是這個衝突裡最不重要的。最重要的是，這兩個人互相譴責對方的做事方法：「你的方法太粗魯！」「妳的方法不實際！」

假設這場衝突以另外一種方式發展：

她：你每次換尿布她都哭，一定有問題。你為什麼一定要這麼粗魯？

他：可能是我的作法跟妳不一樣，但我的作法就是這樣，好嗎？

她：好，那麼……

對個人差異的尊重被壓縮成短短幾個字，就是上述這種情況。表面上兩人似乎達成妥協，但其實他們這段對話顯示兩人缺乏連結，這是典型的個人主義。父親獨自堅持他的態度，母親獨自懷抱她的擔憂，同時間嬰兒繼續哇哇哭。固然看似消除了語言和感覺的衝突，但這場衝突其實完全沒有解決。

這對父母之間的對話如果要有意義和建設性，就必須採用個人語言，而且必須是關於兩人的。雖說態度是個人的，有關態度的討論也可以很有建設性，不過先決條件是這些對話討論純屬理性。偏偏當討論的主題是父母如何共同生活及如何對待小孩，這樣的對話很少純粹是理性的。

以這個例子來說，既然衝突是因個人痛苦和挫折而起，父母必須使用個人語言。

她：聽我說。每次你幫愛瑪換尿布她就哭，我聽了很難受。我們現在可以談談嗎？

他：好，可以啊。我又做錯什麼了？

她：我不知道算不算錯。我只知道我每次聽了都很難受，而且我很想進去協助你跟她相處得好一點。我不知道要是我插手的話，你會不會不高興，所以我現在必須跟你談談這個問題……我認為我現在最需要聽到的是你的感覺。

他：我不覺得這是個問題。我寧願她從頭笑到尾，可是尿布該換就要換。

她：或許我們的歧見沒那麼大。想不想聽幾個好建議？

他：不，我不想……我實在不知道我能不能換個方法……這是我自己的看法。

如果發生這樣的衝突，在大多數的時候，夫妻不妨就此打住。雙方都成功地傾聽對方的意見，也認真看待對方的界限。他們沒有試圖說服對方，而是在對方心裡留下了自己的想法——別忘了，對家人的幸福來說，對話的過程要比達成一個可能的結論或協議更重要。我們常常以為衝突結束後，發展會更快。但其實很少如此。一再設法解決衝突，往往會使個人發展陷入停滯。在未來的幾個星期或幾個月，愛瑪可能照樣會對父親又氣又怒，不過忍受這些感覺總比被爸媽當作權力爭奪的武器好得多。

我們回頭看看愛瑪的母親首次想改變毀滅性互動時所採取的說法：「你每次換尿布她都哭，一定有問題。你為什麼要這麼粗魯？」她真正的意思是：「你換尿布的方法不對，你對她太粗魯了。」

這段話充分顯示兩人互動的內容永遠不如過程重要。姑且假設她的觀察是對的，也就是這對父女的互動其實有點問題，因為他對寶寶沒有同情心和理解，彷彿孩子是一件必須完成的差事。不過要注意，母親說話的口吻和形式，跟丈夫被她指控的行為一樣令人討厭。因此她的指控欠缺可信度。家裡的問題非但沒有解決，反而雪上加霜。此外，如果不想辦法把她對女兒的關愛和對丈夫的體貼結合在一起，也會損及她關愛女兒的方式。

弔詭的是，她之所以這樣對伴侶說話，是因為小時候父母要糾正她的行為時，就是這樣對她說話。她全身上下每一個細胞都記得那種痛苦，所以她才為女兒挺身而出，不過她遲早會用同樣的方法來對待女兒。她和我們所有人一樣，出於善意而做出毀滅性的行為。可是當為人父母者開始建立家庭，他們有責任拋開過去的陰影。他們必須設法揚棄那些因為愛自己的父母而產生的無益的行為和態度。

共同領導

家庭領導有許多模式。光是當代歐洲，有的家庭由跋扈、家父長制的家庭暴君領導；有的家庭則由溫和、堅毅的大地之母掌權。有的家長自視為民主雙人組，任何事都由兩人共同決定；有些家庭的共同領導人互相尊重，仔細劃分行使個人權力的明確領域。有的父母互不相讓、有權必爭；有的家庭把伴侶關係視為尊嚴對等的關係。

這些領導模式都是基於兩個前提。首先，男性和女性在社會、政治和經濟生活上是平等的。其次，男人和父親應該主動分擔家庭日常管理的責任；也就是說，他們必須在情感上和家庭融為一體，在照顧小孩方面扮演主動的角色。就歐洲家庭的歷史傳統而言，這是一個革命性的概念。

對於家庭的責任，男人和父親一直扮演著重要角色，但是他們很少被納入母親和小孩的日常生活。事實上，一九三〇年中期，丹麥兒童教養專家建議小孩在父親下班回家前先吃飯。讓一家之主跟幼小的孩童分享每天最主要的一餐這個想法，竟然如此不受歡迎！

共同領導的特色是父母雙方都能扮演家庭中所有必要的角色，也願意在必要時讓兩人的角色重疊。共同生活的伴侶常常會隨著時間的演變，依照彼此的興趣和天賦，建立起分擔責任的方法；這是一種明確劃分責任範圍的安排。舉個例子，某些家庭的男人要照顧農場、飼養動物和維修機器，女人則負責照顧小孩、打理家務和花園。這種安排把責任範圍明確劃分，無疑充滿了尊嚴和尊重，卻不算是共同領導。

再者，共同領導是出於相信兩個大人有對等的決策權，如果不是雙方共同決定，就是由擅長某個領域的一方決定。這種作法不同於把每件事都拿出來共同討論和決定的民主式家庭。而且即使伴侶意見不同，一方做出的決定會被另一方所支持。在共同領導的家庭，不同的意見及優先順序往往是在做成決定之後以反饋的方式提出來，不會落入權力鬥爭。協商的目的不是要證明自己是對的，而是要讓對方理解自己的想法，並且得到對方的認真對待。

在教養兒女方面，共同領導的作法最初是著眼於父母雙方和兒女各有不同的界限和不同需求，重點不在於父母對界限和規定取得一致的意見，而是「個人有權得到認真對待」的原則，藉此鞏固家庭，強化人際關係的品質。

我們可以把這種家庭稱為「後民主家庭」（post-democratic family），在後民主家庭裡，決策的品質比決策本身更重要，而且未成年子女可以參與決策，沒有被邊緣化。現在有越來越多的家庭發展出這種領導方式。

不過這種家庭面臨的一個問題，在於他們是前無古人的拓荒者。社會上沒有任何機構可以提供範本，無論政治或私人機構。這是家庭無法持續建立共同領導的諸多原因之一。這種家庭的發展速度緩慢，過程也依據每個家庭成員的發展而有所不同。

伴侶關係與家長身分

過去當夫妻生下第一個小孩，傳統上丈夫會繼續他的事業，把工作顧好。社會對他的期待只是增加一個做父親的角色，同時負起更多養家的義務。當女人成了母親，她的地位會經過一番比較徹底的改變，往往使她放棄自己的獨立和女性的身分，專心扮演母親的角色，並且終其一生不變，日後則升格成為祖母。

這樣的角色在全球許多地方依然存在。「家庭劇本可以被改寫」是一個相當新的觀念。只有在某些國家，女性逐漸認為她們的傳統角色在社會和存在上都太過侷限。往往在不久之後，男性也會開始質疑他們的角色。

然而，父母角色的僵化不僅僅是歷史因素使然。整個生兒育女的經驗驚天動地，帶來巨大的情緒變動，大多數的伴侶開始把自己和對方與這個特定的角色劃上等號。有些人不再叫對方的名字，而是稱呼彼此為「爸爸」和「媽媽」。

對大多數的人來說，為人父母的身分突然占據了他們生活的大部分，伴侶身分多半就此退位多年。理論上，我們可以說這種伴侶關係的稀釋會帶來失落和挫折感，對小孩也是不利的。伴侶關係有一個特殊層面，有了這層關係，父母才有可能討論及解決和小孩有關的衝突：伴侶必須能夠以男女、朋友、戀人、擁有自己個人認同的身分跟對方談話。如果太太不喜歡丈夫教兒子寫作業的方式，她必須以朋友和伴侶的身分跟丈夫談，而不是拿出小孩母親的身分。如果妻子擔心十幾歲的女兒在外面的活動，先生必須以丈夫和伴侶的身分傾聽她的憂慮，而不是用女兒父親的身分。父母的角色用來和小孩互動是最適合的。但如果是大人之間的互動，千萬要記住，大人只代表他們自己。

這種作法不但對於維繫友誼及情感的慾望很重要，也確保我們能夠繼續以父母和人的身分發展。如果我們永遠是以父親和母親的角色跟對方討論我們和小孩的關係，那小孩永遠是我們對話的重點，話題必然繞著小孩做什麼或不做什麼打轉。為了以人的身分發展，並且用最有建設性的方式和小孩相處，我們必須和對方談論我們自己。這樣小孩自然會成為談話的起點和靈感，但不是永遠的主題。

我們很容易忘記這個原則，所以才需要對方幫助我們記住。我們除了是小孩的母親和父親，也是個別的女性和男性，有自己的經驗、感覺、需求、經驗和夢想，這些都獨立存在於我們的父母角色之外。我們可以一起去看看電影、週末度個假，也可以一起出去吃晚飯，藉此相互提醒這一點。不過也要提防那些光是聊孩子就聊了．個多小時的對話。

偶爾我會遇到這樣的家長：他們相信如果要以個人的身分繼續發展，唯一的方法是找到在外面成長的可能性。這種信念啟動了一個惡性循環。父母感覺自己對彼此越來越不重要，也越來越不是彼此生活的重心。這種惡性循環的出現，不是因為他們對彼此不重要，而是因為他們無法想像另一種生活方式。另一方面，有些人把追求外面的新體驗當成一種威脅。不過實際上，真正威脅婚姻的，是雙方完全沒有察覺到激勵伴侶關係的各種可能性。

根據我的經驗，擁有一段相愛、專一、能夠激發彼此存在意義的伴侶關係，對我們個人的存在有著無與倫比的正面影響。從某方面來說，這個目標直到最近幾年才成為家庭的優先事項。

對等尊重是互惠的

兩個人初次面對他們共同創造的新生命時，一定會有一種驚奇、崇拜和責任感。那種保護和疼愛小孩的欲望和動力，以及給小孩幸福生活的意志，如日出一般在我們心中升起。即使有人童年失歡，現在又生活得不快樂，也同樣會有這種動力。

但這種動力是互相的。小孩對我們也有這種動力。這是一個我們必須學會的概念。小孩藉由自己的存在，讓我們覺得自己有價值，從而讓他們覺得自己有價值。

要做到這一點，我們必須學習抑制自我中心，把小孩的個人能力視為他們送給我們的一份禮物——直到我們接受，小孩才恍然明白他們給了我們這份禮物。如果我們學不會抑制這種自我中心，小孩在成長的過程中會認定，他們除了透過課業成績和社會成就表現的價值之外，沒有其他的用處可言。這不但帶給孩子痛苦，也會讓我們和小孩的連結蒙上污名，而且難以幫助他們成為社會上更有用的人。

其實我們一直有察覺到小孩的能力，儘管傳統上我們多半不予承認。當小孩表現良好，發展順利時，我們把這些特質詮釋為我們自己的價值和能力的表現，然後告訴小孩說他們有多「優秀」。另一方面，當小孩不受控制、不聽話、失敗和具有毀滅性時，我們會認為一定是我們有什麼地方沒做好，我們有失職責。我們一直相信必須**付出**更多，更多教養、更多愛、更多限制、更多體罰、更多控制。

有兩個原因可以解釋這種現象。第一個是文化因素：常常別人怎麼做，我們就跟著照做。第二個原因是當我們覺得自己對其他人的價值不如我們想像中那麼大，就會出現激烈反應，變得暴躁、挫折、憤怒、暴力。如果事關重大，涉及我們的小孩和伴侶，我們的反應會更激烈。由於我們不覺得自己有充分的價值，於是就質疑起他們對我們的價值，從而責怪他們。

舉例來說，這種情況會發生在當小孩在人行道上跌倒的時候。我們會把小孩扶起來，氣急敗壞地說：「走路要看路！」看到自己五歲的孩子在同一天三度擦傷膝蓋，哭哭啼啼地走進來時，我們說：「你一定要學會走路看路！」當老師通知我們說小孩達不到學校的要求或預期時，我們會氣老師或氣小孩，或者兩者都氣。當婚姻出問題時，我們會找伴侶的碴；當我們沒辦法應付生活時，就責怪父母或社會。而如果我們沒有這麼做，那是因為我們學會把自己的怒氣向內，導向我們自己，讓自己沉溺在罪惡、抑鬱和自責的感覺裡。

我們現在已經知道必須傾聽小孩的心聲，把他們當作有能力的人，而且從他們身上學習，從而如我們所願地對他們產生價值。當小孩的行為讓我們覺得自己沒有價值，百分之百是因為我們真的沒有價值，也就是在發生這次衝突之前，我們早已無法把我們的愛轉化為愛的行為，把我們良好的用意轉化為有效的互動。

要改變這種情況並非一蹴可及。我們只能對小孩開放我們自己，設法解讀他們自然流露或（出於對我們的忠誠）延遲表現的反饋。小孩沒有企圖教我們什麼，他們也沒有運用任何教育理論。他們只是和我們生活在一起，讓我們知道他們的體驗。

身而為人，我們大多發展得很慢，因此即使小孩早就長大，照樣會惹我們生氣。學習改變我們的觀感不但困難，也需要時間。但只要不堅持「錯都在小孩身上」這樣的錯誤觀念，慢慢學習也沒什麼不好。

我曾經遇過一個完全不受控制的七歲男孩，他父親看著我，問說：「對他這個年紀的小男孩講話，真的有必要想這麼多？我爸媽從來只會對我說不行！」他聲音中的那種絕望和藐視，完全遺傳給了他兒子。

讀者要是聽到我的答案是「真的有必要」，應該不會感到驚訝。

我們不但必須清除傳統那些侵犯小孩個人完整性的方法和語言，在實踐親子互動的新典範時，我們也必須踏出人類心靈發展的下一步：對話的藝術，這種藝術需要一套新的詞彙和一份決心，以能夠發現孩子真實本質的方法和他們對話，而非自行界定他們是什麼樣的人，以及應該變成什麼樣的人。

國家圖書館出版品預行編目資料

優秀的教養，是相信孩子的能力！/ 雅斯培．尤爾 Jesper Juul
著 楊惠君 譯
-- 初版. -- 台北市 ：商周出版：家庭傳媒城邦分公司發行
2014. 6 面： 公分.
譯自：Dit kompetente barn
ISBN 978-986-272-595-5（平裝）
1.親職教育 2.親子關係
528.2 103008000

優秀的教養，是相信孩子的能力！

原著書名／Dit kompetente barn
作者／雅斯培．尤爾 Jesper Juul
譯者／楊惠君
責任編輯／陳玳妮

版權／林心紅
行銷業務／李衍逸、黃崇華
總編輯／楊如玉
總經理／彭之琬
發行人／何飛鵬
法律顧問／台英國際商務法律事務所 羅明通律師
出版／商周出版
城邦文化事業股份有限公司
台北市中山區民生東路二段141號9樓
電話：(02) 2500-7008 傳真：(02) 2500-7759
E-mail：bwp.service@cite.com.tw
Blog：http://bwp25007008.pixnet.net/blog
發行／英屬蓋曼群島商家庭傳媒股份有限公司城邦分公司
台北市中山區民生東路二段141號2樓
書虫客服服務專線：02-25007718．02-25007719
24小時傳真服務：02-25001990．02-25001991
服務時間：週一至週五09:30-12:00．13:30-17:00
郵撥帳號：19863813 戶名：書虫股份有限公司
讀者服務信箱E-mail：service@readingclub.com.tw
歡迎光臨城邦讀書花園 網址：www.cite.com.tw
香港發行所／城邦（香港）出版集團有限公司
香港灣仔軒尼詩道235號3樓 Email：hkcite@biznetvigator.com
電話：(852) 25086231 傳真：(852) 25789337
馬新發行所／城邦(馬新)出版集團 Cite (M) Sdn. Bhd. (458372 U)
11, Jalan 30D/146, Desa Tasik, Sungai Besi,57000
Kuala Lumpur, Malaysia.
電話：(603)9056 3833 傳真：(603) 9056 2833

封面設計／黃聖文
排版／新鑫電腦排版工作室
印刷／韋懋實業有限公司
總經銷／高見文化行銷股份有限公司 電話：(02) 26689005
傳真：(02) 26689790 客服專線：0800-055-365

■2014年6月3日初版
■2015年3月6日初版4刷
定價 320 元

Printed in Taiwan
城邦讀書花園
www.cite.com.tw

ISBN 978-986-272-595-5

商周出版

廣　告　回　函
北區郵政管理登記證
台北廣字第000791號
郵資已付，免貼郵票

104台北市民生東路二段141號2樓

英屬蓋曼群島商家庭傳媒股份有限公司　城邦分公司

請沿虛線對摺，謝謝！

商周出版

書號：BK5092　**書名：**優秀的教養，是相信孩子的能力！　**編碼：**

請於此處用膠水黏貼

商周出版

讀者回函卡

感謝您購買我們出版的書籍！請費心填寫此回函卡，我們將不定期寄上城邦集團最新的出版訊息。

不定期好禮相贈！
立即加入：商周出版
Facebook 粉絲團

姓名：________ 性別：☐男 ☐女

生日：西元________年________月________日

地址：________

聯絡電話：________ 傳真：________

E-mail ：

學歷：☐ 1. 小學 ☐ 2. 國中 ☐ 3. 高中 ☐ 4. 大學 ☐ 5. 研究所以上

職業：☐ 1. 學生 ☐ 2. 軍公教 ☐ 3. 服務 ☐ 4. 金融 ☐ 5. 製造 ☐ 6. 資訊

☐ 7. 傳播 ☐ 8. 自由業 ☐ 9. 農漁牧 ☐ 10. 家管 ☐ 11. 退休

☐ 12. 其他________

您從何種方式得知本書消息？

☐ 1. 書店 ☐ 2. 網路 ☐ 3. 報紙 ☐ 4. 雜誌 ☐ 5. 廣播 ☐ 6. 電視

☐ 7. 親友推薦 ☐ 8. 其他________

您通常以何種方式購書？

☐ 1. 書店 ☐ 2. 網路 ☐ 3. 傳真訂購 ☐ 4. 郵局劃撥 ☐ 5. 其他________

您喜歡閱讀那些類別的書籍？

☐ 1. 財經商業 ☐ 2. 自然科學 ☐ 3. 歷史 ☐ 4. 法律 ☐ 5. 文學

☐ 6. 休閒旅遊 ☐ 7. 小說 ☐ 8. 人物傳記 ☐ 9. 生活、勵志 ☐ 10. 其他

對我們的建議：________

【為提供訂購、行銷、客戶管理或其他合於營業登記項目或章程所定業務之目的，城邦出版人集團（即英屬蓋曼群島商家庭傳媒（股）公司城邦分公司、城邦文化事業（股）公司），於本集團之營運期間及地區內，將以電郵、傳真、電話、簡訊、郵寄或其他公告方式利用您提供之資料（資料類別：C001、C002、C003、C011 等）。利用對象除本集團外，亦可能包括相關服務的協力機構。如您有依個資法第三條或其他需服務之處，得致電本公司客服中心電話 02-25007718 請求協助。相關資料如為非必要項目，不提供亦不影響您的權益。】

1.C001 辨識個人者：如消費者之姓名、地址、電話、電子郵件等資訊。
2.C002 辨識財務者：如信用卡或轉帳帳戶資訊。
3.C003 政府資料中之辨識者：如身分證字號或護照號碼（外國人）。
4.C011 個人描述：如性別、國籍、出生年月日。

請於此處用膠水黏貼